石平
×
矢板明夫

Seki Hei & Yaita Akio

私たちは中国が世界で一番幸せな国だと思っていた

わが青春の中国現代史

ビジネス社

はじめに　真実を伝えることが中国への恩返し

二〇〇七年春から二〇一六年末まで、産経新聞の特派員として約一〇年間、北京に駐在した。チベット騒乱、四川大地震、北京五輪、習近平政権の発足など、多くの歴史的場面を取材した。

第一線で見聞きしたことをできるだけ、冷静に、客観的に日本の読者に伝えることを心がけた。しかし、気づいたら、中国社会の歪《いびつ》さ、共産党官僚の横暴ぶりを浮き彫《ぼ》りにする記事を多く書いていた。

メディアの検閲を担当する当局者に呼び出され、抗議を受けることもしばしばあった。「君は一五才まで中国で育った。恩返しをしようという気持ちはないのか」などとよく説教された。

そのとき、私はいつもこのように答えている。

「真実をより多くの人に伝えれば中国がよくなると信じている。それが私の中国に対する恩返しだ」と。

「いまの中国は、世界二位の経済大国になった。しかし、一部の特権階級を除き、ほとんどの中国人は幸せになっていない」というのが、新聞記者として十年間北京に駐在した実感なのである。

私の少年時代もいまも、中国で一党独裁政権が続き、それによって虐げられ、不幸のどん底にいる庶民はあまりにも多すぎる。一例だけ紹介しよう。

私の友人に徐崇陽《じょすいよう》という湖北《こほく》省出身の男性がいる。中国で数万とも数十万ともいわれる陳情者の一人だ。二〇一四年頃、北京市郊外で行われる陳情者の集会で話かけられ、以来仲良くなり、何度も一緒に食卓を囲んだ。

それまでにも私は多くの陳情者に取材してきた。土地を強制収用された農民や、家族が警察に殺害された労働者などは、高いレベルの教育を受けたことのない人がほとんどだ。自分の事情をうまく説明できないし、法律も知らない。

そのなかにあって、徐氏は異質な存在だった。父親は大学の学長を務めた元共産党幹部で、母親は画家だった。徐氏は解放軍の将校を経て、一九九〇年代に湖北省で運輸会社を立ち上げ、親族のコネなどを利用して、瞬《また》く間に事業を拡大させ、数年で複数のタクシー会社、レストランを経営する地元では有数の企業家となった。個人の資産総額は最大時、一億元（約一六億円）を超えた。

事業をさらに拡大させようとして、徐氏はある共産党指導者の親族が経営する企業と提携したことが転落のきっかけとなった。最後は相手に騙《だま》されたかたちで、企業を乗っ取られ、ほぼ全財産を失った。

北京にやってきて陳情者となったのは二〇〇三年ごろだった。警察と検察に門前払いされ続けても、財産を取り戻そうと執拗に陳情し続けた徐氏は二〇一一年に、詐欺容疑で逮捕され、一七ヵ月も投獄された。

「知人との金銭トラブルを当局が拡大解釈して詐欺罪にした。陳情をやめさせようとしてでっちあげた冤罪だ」と主張する徐氏は出獄後、逮捕と起訴の手続きに不備があったとして、警察に損害賠償と謝罪を求める訴訟を起こした。

中国で警察を訴える裁判は珍しいため、外国メディアからも注目された。ある日、裁判所から出てきた徐氏は、支持者だと自称する十数人の男女に囲まれ、一緒に記念写真を撮ることになった。じつはこの写真撮影は、警察側がしかけた罠《わな》だったという。前列中央に立つ徐氏に気づかれないように、後方の列に立つ複数の人が密かに「香港のデモを支持する」と書かれた紙を掲げた。

この写真などが証拠となり、徐氏は再び逮捕された。中国国内で香港の民主化デモを支持する言動はすべて違法行為とされ、徐氏は主犯の一人にされた。

警察当局が徐氏をはめた目的は、警察への訴えを取り下げさせることだった。八ヵ月収監されたあと、徐氏は警察の要求を受け入れて釈放された。

その約一ヵ月後の二〇一五年夏、私は北京の南郊外にある徐氏のアパートを訪ねた。約一年ぶりに再会した徐氏の姿に驚いた。やつれていて体全体が一回り小さくなった。顔から生気が消え、一〇歳ぐらい老け込んだように見えた。右足を引きずっていて、顔や手の甲などに青いあざがあった。取り調べを受けたとき、警察官から暴行を受けたという。

その日、徐氏の話を約二時間聞いた。以前、自分の主張を理路整然と話していた徐氏だが、話が途切れたり、前後が続かなかったり、突然泣き出したりする場面が多かった。留置所での過酷な体験が彼の精神を不安定な状態にしたようだ。

「金があったとき、海外に移民すればよかった」と何度もつぶやいた徐氏。別れ際《ぎわ》、「何も悪いことをしなくても地獄に突き落とされることがある。この国では金持ちも貧乏人も、夜は安心して眠れない」ともらしたことが印象的だった。

その後、徐氏と会っていない。共通の知人によれば、徐氏はいまも陳情活動を続けているが、健康状態はあまり芳《かんば》しくないという。

私はこれまで、徐氏のような、共産党一党独裁政権に虐《しいた》げられる中国人庶民を応援する気持ちを込めて中国に関する記事を書いてきた。これからもそのつもりだ。

今回の対談は、大先輩石平氏と中国で過ごした青少年時代を振り返りながら、いまの習近平政権の行方などについて自由に語り合った。年齢も住んでいた場所も違ったが、中国についての認識がほとんど同じであることは大変うれしく思った。すべて批判は共産党一党独裁政権に向けたものであり、中国によくなってほしいという気持ちは石氏も私と同じだと思う。

矢板　明夫

第二章　毛沢東がつくった恐怖の二七年間

第三章　日中が蜜月だった八〇年代

第四章 人生の転機、アイデンティティの克服

第五章　反日と愛国の源流

第六章　王岐山を支配下においた習近平が狙うのは太子党

第七章　強権政治の裏にある指導者たちの不安

第八章　成長なき経済の悲劇

第九章 習近平最大のばくち、台湾併合

◇本書では対談の性質上、世界各国の公人の尊称を省略している部分があります。

第一章

暗黒の少年時代

情報統制で自分の親戚が餓死したことも秘匿された

石平　本書ではいわゆる「中国残留孤児」二世として中国で生まれ育った矢板さんと、中国および日本について、実体験をもとに存分に語り合っていきたいと思います。われわれの中国での生活は、いまの日本人には想像もつかないことが多く、きっと多くの読者を驚かせるでしょう（笑）。また、矢板さんは私よりもちょうど一〇歳若いので、同じ中国体験でも捉え方が違う面もある。私自身今回矢板さんの話を聴くのがとても楽しみでした。

矢板　私も新聞記者になってからずっと石平さんの本を熱心に読んでいます。海外で中国を厳しく批判する言論人は数多くいるけれど、中国の官製メディアが名指して罵倒する人は数少ない。石平さんはその一人です。言っていることが中国共産党一党独裁政権のもっとも痛いところを突いているからです。私もジャーナリストとして石平さんに少しでも近づくように努力していきたいと思います。今日はよろしくお願いします。

石平　それでは早速、二人の少年時代から話を始めたいと思います。

私が生まれたのは一九六二年で、実はまだ大多数の人民は飢饉に苦しんでいました。毛沢東《もうたくとう》の大躍進が失敗に終わった後の数年間、中国では推計三〇〇〇万～四〇〇〇万という餓死者が出ました。当時、私の両親は四川《しせん》省成都《せいと》でともに大学で教鞭をとっていましたが、都市部に暮らす人たちはほとんど肉類を口にしたことがなく、最低限の食料しか配給されていなかったようです。

母親が言うには、都で私を産んだときも、まったく栄養がとれない状況だった。なんとか母に栄養補給をしようとしても、あのころはすべて共産党の管理下にあり、農村からものを持ち出すことが一切禁止されていた。卵を食べたくても手に入らない。心配した祖母が一計を案じ、竹の幹のなかをくり抜いて空掘りし、そこに土に包んだ卵を一〇個入れて、ようやく成都に運んできたのです。母が栄養補給できなければ、私もどうなっていたかわからない。そんな厳しい時代でした。

恐ろしいことにあのころの中国共産党の支配は完璧だった。というのも、私の親戚一族が何人も餓死していたのに、まったく知らされなかったほどですから——。

父親は大学の先生であると同時に実は共産党員で、大学の学部の共産党支部の副支部長という立場にありました。これはあとから聞かされた話ですが、父と同じく四川省出身の同僚の先生が田舎に住む自分の親戚が餓死したという事実を、大学のなかでうっかり喋ってしまった。立場上父は同僚に対する批判会を行わなければならなかったのですが、その裏で、父親の一族も何人も餓死していたわけです。

そして一九六六年、四歳のとき、あの恐怖の文化大革命がはじまりました。

田中訪中で「スパイ」から「中国の友」になった日本人残留孤児の父

矢板　私は一九七二年、ちょうどその文革の真っ最中に天津で生まれました。父は日本人残留孤児で、矢板という名前のとおり、もともとは栃木県の矢板出身です。祖父が郷里の栃木県から中国の北京に渡ったのが、一九三六年のことで、電気関連工場を経営していました。祖父は戦争末期に日本軍に徴用され、ソ連軍によるシベリア抑留中に死にました。父は一九四二年生まれなので、終戦のときは三歳でした。残された祖母には仕事がない上に父とその姉と幼い子供が二人もいて、このままだと家族全員が餓死するというような状況のなか、やむをえず、祖母は、子供も電気工場も中国人の元従業員に託して、再婚する道を選びました。

中国人の従業員に引き取られた父は、天津《てんしん》市に移住し、中国人として育てられます。私の母は元中国人（いまは日本国籍を取得）です。やがて、兄と私の二児をもうけます。

父は天津で写真屋のカメラマンを生業としていました。ところが文革が始まると、おまえは日本軍の撤退後も中国に潜伏する「スパイ」だと糾弾された。終戦時にわずか三歳であった父がスパイのはずはない。当時の中国では写真屋はすべて国有企業であり、日本人でカメラという難しい機械を扱うということから、中国の国家機密を盗もうとしていると断じられたのです。カメラマンを辞めさせられたうえに、銭湯でアカスリ担当を一〇年間もしなければならなかった。

当然ながら、収入は激減しました。一方、私の母親は高校の先生をしていたのですが、兄が生まれると生活がやっていけなくなるような状況に陥った。そのため父は、三ヵ月に一回、血を売ってやりくりしていました。そうでもしなければ糊口《ここう》を凌ぐことができず、生きていけない時代だったのです。

私たち一家はみな中国名で生活をしていたし、話す言葉も中国語なのですが、「なぜか中国人のなかに生きている日本人」というような扱いを受けました。学校のクラスメイトはみな私が日本人であることを知っていました。党組織がずっと私たちをトレースしていたのです。

いまも日本人が八人もスパイとして拘束され起訴されていますが、私らのときと構図はまったく同じです。習近《しゅうきん》平《ぺい》の中国は、文革のあの暗黒の時代に

３歳ごろ、天津市で撮影

先祖がえりしている。

外国人を見たらスパイだという認識を徹底的に植え付けるのです。そうしておけば、その外国人の周辺にいる中国人も同様に逮捕されることになる。自ずと社会が外国人とはあまり接触してはいけないという空気になるし、外国の価値観から距離を置くようになる。中国当局が日本人をスパイとして拘束するのには、そうした見せしめ的な効果を狙っているところがあります。

まえにも述べたように一九七二年にぼくは生まれましたが、誕生日である十月五日の一週間まえに、日中共同声明に署名するため、田中角栄（首相）が中国にやってきました。ここから日中国交正常化がスタートするわけですが、これは私の一家にとっても大きな転機になった。

それまで日本のスパイと不遇をかこっていた父が、一夜にして「中国の友人」に格上げされた。ですから、私が生まれる前と後では状況がかなり異なると思います。もちろん、日本では、田中角栄の日中国交正常化について賛否両論ありますが、これによって中国に住む多くの人たちの運命も変わっていったのです。私が政治のすごさを意識したのはこのときが最初です。

私の父はいまだに田中角栄をすごく尊敬していますし、父の前では絶対悪口を言えない雰囲気があります。その後、父はカメラマンの職に戻ることができたのです。

残酷にも文革で別々の農場に下放された父と母

石平　矢板さんのおっしゃるとおり、文革の前後では状況が全然違った。矢板さんのお父さんが残留孤児であったということでスパイにされてしまったようなことが、あの頃の中国では頻繁に起きていました。

たとえば自分の親戚の誰かが海外にいると知れただけで、その人の昇進は止まる。共産党の幹部には絶対になれないし、そのハンデを一生背負っていくことになるのです。

私の知り合いの女性にも犠牲者はいました。一九四九年に中国で共産党が政権をとったときに、彼女のお兄さんが父親と一緒に台湾に逃げ、それからアメリカに渡った。残された彼女は鄧小平《とうしょうへい》による改革開放がはじまり、米中の関係が改善する一九七八年まで、約三〇年間徹底的にいじめられ続けました。もちろん公職には一切つけない。しかも彼女の亭主までそうです。彼女の亭主は若いころ、共産党の積極分子で、上層部からも将来を有望視されていたのを、彼女と結婚したことで出世の道が閉ざされてしまった。日本では信じられない話がごくふつうに起きていたのです。

逆に、当時海外とはまったく無縁だった私の父は、共産党副支部長になれたわけです。

もちろんそれだけが理由ではありませんが、少なくとも不利な状況ではなかった。

ところが文化大革命がはじまると、今度はその父が打倒される側に回ってしまった。文化大革命とはまさに現職の幹部がやっつけられたわけですから――。

ほどなく、父親は大学から追放され、下放《かほう》され、集団農場行きとなりました。むろん、母親も逃れられません。母は普通の大学の一教師にすぎず、本来ならば何の関係もない。けれども、父と母の両方が下放されたのです。

しかも残酷なのは、父と母は別々の農場に下放された。一緒に生活させないわけです。だから私と妹にはすごい年齢差がある。どうしてかというと、父親は下放された八年間、母親に会うことすらできず、指一本触れられなかったわけですから、それどころではなかった（笑）。

両親ともに下放され、大学から追放されたけれど、それでもまだ幸せなほうでした。大半の知識人は吊し上げられ、半殺しの目に遭わされ、殴り殺された人も少なくなかった。

両親の下放は私にとって、間違いなく一つの転機になりました。当然両親はまだ幼かった私の面倒を見られなくなったため、私は母親の実家に引き取られることになった。私は祖父と祖母に四歳から一二歳まで育てられ、四川省の楽山という地方の山村で暮らすことになったのです。

完全に時代に翻弄された父親たち

石平　改革開放がはじまると矢板さんのお父さんはにわかに厚遇されるようになったわけですね。

矢板　結局、改革開放により、日本からの投資が欲しい人たちは、日本に親族がいる私の父をものすごく大事にするようになりました。そのうちに父は、天津市の政協委員に選ばれるようになります。いまの地方議員みたいなものですが、父は積極的にいろいろな会議に出席していました。そうした活動の一環として、肉親捜しで訪日したこともありました。

そのころになると、生活もかなり安定していたし、それなりの社会的な地位も確立していたのですが、父は、絶対に日本に帰ると固く決めていました。理由をたずねると、「何もしていないのにスパイ扱いされてドン底を味わったかと思えば、今度は何の努力もしていないのに政協委員に押し上げられ、みんなが自分を利用しようとしている。こんなジェットコースターみたいな人生は嫌だ」と言っていましたよ。

石平　私と矢板さんとでは生まれた背景が違うのですが、われわれの父親の境遇はある意味同じで、時代に完全に翻弄されていた。自分の人生を自分で決めることも、支配することもできない。矢板さんのお父さんの場合は、何も悪いことをしていないのに文化大革命のせいで日本のスパイにされて、不遇の一〇年間を送ることになりました。鄧小平が改革開放の号令をかけると、今度は日本のお金が欲しくなった人たちから政協委員に祭り上げられてしまった。

反対に私の父は外国に知り合いがいないということで、出世の妨げをうけなかったのを、文革では下放される憂き目にあった。恐ろしいことです。

配給豚肉のために一〇時間並ぶのが都会の生活

石平　ところで、政協委員になったときの生活はカメラマン時代よりもよくなったのですか？　私の周囲の場合、新しい服をつくってもらえるのは大体年に一回でした。靴は穴が二、三個空くまでは穿《は》きつぶしていたという記憶があります。

矢板　よかったといっても、もちろん贅沢はできなかったです。着るものでいえば、新しい服を買えるのは石平さんと同じで年に一回くらいでした。食べ物については、肉を食べられたのは週に一回、せいぜい二回。いまから考えるととても「裕福」とはいえませんが、当時はそんなに苦にも思えなかった。周りがみんなそうでしたから。

石平　私が物心ついたころは、たしか肉は一週間に一回も食べられなかった記憶があります。一ヵ月に一回か、二ヵ月に一回くらい。しかもそのころの中国はまだ完全な統制経済下にありました。

私は一九七四年、一二歳のときに田舎から成都に戻ってきたのですが、都市住民は食料については糧票《リャンピャオ》（配布券）を配布されていました。要するに、一人ひとりが一月に食べる米とか、食料の量を政府が決めていた。

しかもそのさいに、当人の食欲の多寡はまったく考慮されません（笑）。若い男性がいちばん多くて、当然、年寄りや子供の量は減らされていました。

当時、家の抽斗《ひきだし》のなかは政府から回ってくる配付券がびっしりと詰まっていました。食料のみならず、醤油も、サラダ油も、石鹼も、われわれの服をつくる布も、タバコもすべて配付券でした。

当然、豚肉も配付券で、一人一月に〇・五キロ。しかも毎日肉屋さんが豚肉を売っているわけではないので、配給日はみんな仕事なんかサボって、一家総動員で列に並ばなければいけない。最長で一〇時間並んだことがあります。一キロや二キロの豚肉のために一〇時間も並ぶ。それが都会の生活の実態でした。

人民公社に収奪され農民なのに食べ物がない

石平　私の場合、かえって両親が下放され、四川省の田舎の祖父母のところに預けられた八年間が、ある意味では人生のなかで非常に楽しかった時代といえます。田舎ですから、紅衛兵は一人もやってこなかった。だいたいやることがないし、造反する対象も奪うものもないから。紅衛兵は寄りつかないわけです。

祖父の職業は漢方医で、あのころ中国の農村には他に開業医などいなかったから、病気になった人は自動的に祖父のところへやって来るわけです。私の記憶では、中国の農民は病気になったら、大半が治療を受けることもなくそのまま死んでいきました。

矢板　その点はいまでも変わらないですね。田舎で病気になったら、寝て治すのが常識、要するに獣と一緒です。医療費はべらぼうに高くなっている。

石平さんが話された糧票は、私の子供のころにも、食べ物を買うときには全部必要でした。ただし、都市部では配付券が余るわけです。人数が増えるのは少しずつだし、みんなそんなに食べないから――。そのかわり、都市部では卵が足りなかった。

一方で、食料が足りない農村部の人たちは配付券を欲しがっていました。それで鶏を飼って、卵を都市部に持ってきて、配付券と交換して暮らしていた。

なぜ食料をつくっている当の農民たちに食料が足りないのだろうか？　当時私はずっとそれを不思議に思っていたのですが、全部政府に奪われてしまうから足りないわけで、ひどい理不尽さを感じます。

石平　あのころの中国の農村はすべて人民公社（一九五八年以来、農業生産合作社と地方行政機関を一体化して結成された、地区組織の基礎単位。農業の集団化を中心に、政治・経済・文化・軍事などのすべてを包括する機能をもった。一九八二年に解体された）が仕切っていて、完全に収奪の世界でした。全農民は人民公社に取り込まれ、どんなに働いて収穫した作物も、基本的に政府が召し上げる。残りの最低限の、かろうじて生きていけるだけのものが農民たちに配布される。自分たちがつくったものなのに。

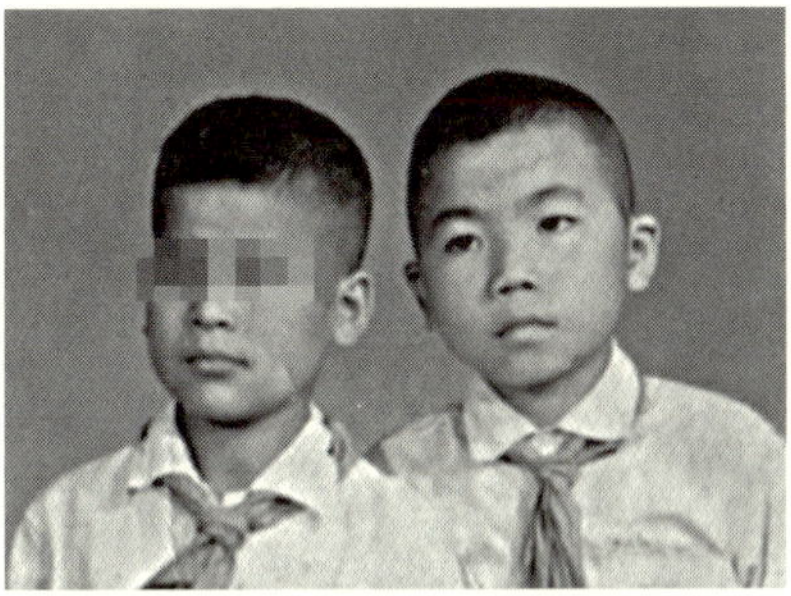
小学生時代友人と。当時は紅小兵（文化大革命で、紅衛兵より更に若い初級中学以下の集団）だった

しかもあの当時、毛沢東は公然と言っていました。「農民たちは適当に食べればいい。暇なときにはお粥で満足せよ。忙しいときはちゃんとしたご飯を与えよ」。農民がご飯を食べるかお粥を食べるかを、毛沢東が決めるわけです。

「いまのおまえたちはちゃんとしたおにぎりでなく、お粥で満足せよ。忙しいときだけはおにぎりを食べていいぞ。しかし、米だけ食べてはいけない。芋や野菜をいっぱい食え」これが中国人民の指導者である毛沢東の語録に載っています。あのころの農村には、この毛沢東の言葉がどこの壁にも貼ってあった。

大飢饉は凶作でなく〝人災〟

矢板　そうですね。さっき石平さんが一九六九年前後に三〇〇〇万人から四〇〇〇万人の餓死者が出たと言われましたが、そのほとんどが農村部に住む人たちでした。カースト制度みたいに、何があってもまずは共産党幹部が優先され、次に都市部の人たち、搾取されるのは決まって農民という構図はいまだに変わっていません。

石平　大飢饉は凶作が原因だったのではありません。人災です。

農作物の収穫期が来て中央に申告するとき、ある地方の幹部が「自分たちのところはノルマの三倍を達成した」と過剰申告すると、隣接地区の幹部は「いやいや、うちは四倍を達成した」とその上をゆく過剰申告で対抗したのです。バカバカしい話ですが、その結果、虚偽の収穫量は、最終的に普段の年の三〇倍以上になってしまった。

もちろん、実際の収穫量は平年並みでしかない。つまり申告の三〇分の一でしかないので、その皺寄せはすべて農民が被ることになり、農村で餓死者が続出した。だから、本当は凶作で大飢饉になったわけではなかったのです。地方幹部たちが生産量を過剰申告したために起きた人災による大飢饉でした。

矢板　その教訓から、劉少奇《りゅうしょうき》と鄧小平が権力を握ると、農民にわずかだけれども農作地が与えられたわけです。

石平　私が下放されたときには、多少は農村の食糧事情がよくなっていたのですが、面白い現象を目の当たりにしました。農作地の大半は人民公社の土地なので、適当というか、手抜きしていい加減に耕してあった。

でも、自分たちに分配された土地でつくった作物は自分たちのものになるというルールになったので、こっちは必死で耕した（笑）。毛沢東からすれば、それこそ悪しき「資本主義」だということになるわけですが、文化大革命になると、いったん農民に与えた土地もすべて人民公社に取り上げられた。

三人兄弟でズボン一つ、五人家族で布団が一組

石平　一軒しかないため祖父の診療所には、患者はずいぶん遠いところからもきていました。みな農民でお金がないから診療代は食料で払った。鶏とかアヒルを携えて診療を受けにきていたのです。だから、われわれ三人家族は豊かで食べ物には困りませんでした。

しかし、周囲の農民の悲惨さといったらなかった。田舎の友達の家では、ご飯は毛沢東の指示に従って毎日お粥でした。というか、ほとんどお湯。大鍋の底に沈んでいるわずか

な米粒を、お玉でグルグルかき混ぜてすくい出し、すすっていた。

ただ幸い四川省は放っておいても芋が生えてくる土地だったので、毎日、芋を食べていました。芋を食べれる分だけましだった。これが衣食住の「食」の現実でした。

「衣」はといえば、子供たちは二、三年服を着替えたことがない。たとえば、三人兄弟でズボンが一つしかない。五人家族で布団が一組しかない。それが普通だったので、みな何とも思わなかった。

あんな悲惨な生活のなかでも、人民公社には一応小学校があったのです。小学校といっても悲惨で、机もなく土間の部屋で勉強していました。

いま思えばバカみたいな話ですが、小学校の先生が毎日繰り返し、こう言っていました。「君たちはこの世界のなかで、誰よりも幸せな生活を送っている。日本人民、アメリカ人民、世界の人民は、みな毎日食うや食わずの生活をしている」と（笑）。われわれはそう教えられてきた。

「憶苦飯」と「憶苦大会」というバカげた教育

矢板　その教育は私たちの時代にも残っていて、「少年報」という小学生新聞みたいなものがあって、「社会主義は素晴らしい、資本主義は悪い」というコーナーがありました。

そこには必ずと言っていいほど、「病気になった子供を人民政府が助けて、子供は健康を取り戻した。一方、（資本主義の象徴である）ニューヨークでは子供が餓死している。ホームレスが凍死している」といった記事が毎日載っていて、子供たちはみな信じていました。一九八〇年代のことですが――。

石平　ただ、八〇年代はまだ外部の情報が入ったでしょう。われわれが成長した七〇年代は、外部の情報は一切ないから信じてしまう。

矢板　いや、私らも信じましたよ（笑）。ホームルームで先生が中国礼賛の記事を読み上げて、感想文を書かせるわけです。

石平　一九四九年に中国共産党が政権を取る以前の国民党の時代を、中国共産党の専門用語で「解放前」と呼び、それに対して、共産党が中国を支配して人民を解放したという意味で「解放後」と呼びます。

　われわれが受けたもう一つの教育は「解放前」は大変で、奴隷同然の食う

小学校のころの矢板少年。天津市内の公園で

や食わずの生活をしていたというものです。それで小学生に本当に貧しかった「解放前」の人たちが何を食べていたかを実感させるために、「憶苦飯（イークーファン）」なるものを食べさせた。

しかし、飯（ファン）と称する以上、米粒とかトウモロコシを入れるでしょう。それを食べた本当に貧しい家の子たちは「うちのご飯よりいいじゃないか。おいしい、おいしい」と大喜びしていました（笑）。

それから、人民公社が地域ごとに人を集めて「憶苦大会」なるものを開催した。解放前が、国民党政府により、いかに国民が苦しんだ時代かを思い出させるのが目的です。農民たちを集めて、「お前たちがどれほど苦しんだか言ってみろ」と命じられ、最初はそれらしきことを発言したのだが、それは嘘っぱちばかり。なぜなら、国民党政権時代には少なくとも満足に食べられることはできたのですから。

それで喋っているうちに、だんだん毛沢東の大躍進が引き起こした大飢饉に話が移っていき、「うちは何人死んだ」みたいなことを言いだす（笑）。

はじめのうちは人民公社の幹部連中は興味津々に聞いていたけれど、途中で気がついて、「止め、止め！」と大慌てで話を中断させた（笑）。話をした農民はどこかへ連れ去られ、人民公社の幹部は失脚した。そういう時代でした。

無実の両親を密告した息子が英雄にされた時代

矢板　私もけっこう「憶苦飯」を食べました。私らの世代になるとすっかりマンネリ化していて、何でこんなことをするのかとみんな疑問を抱いていましたが、それでも行事として残っているから仕方がない、といった冷めた感じになっていた。

中学生時代の石平少年。毛沢東が死去する1年前の1975年ごろ。四川省成都市にて

特に印象に残っているのは、小学校のときクラスで行った「密告」です。共産党は無神論だから、封建的な迷信を宣伝したり、変な宗教にはまったりしている者が家族とか周囲にいないかどうか、学校で書かせるのです。宗教団体は共産党の脅威になるからです。

小学生はまだ素直だから、「そう言えば、あいつおかしなことを言ってたな」と書いて、教師に提出してしまう。書かれた者は、吊るし上げ大会のなかで、自己反省させられる。いくら無記名でも、二人しか聞いていない話であれば、密告者は誰だかわかります。そこで子供ながら人間関係が崩れ、人間不信に陥るわけです。

石平　反省させるくらいならまだ可愛いほうでしょう。私は一二歳のときに田舎から成都に戻って来て、中学校に入りました。文化大革命のときに閉鎖されていた大学が開校したので、両親も成都に戻ってきました。すると、農村では少なかった密告が、都会の成都ではものすごかった。

これは忘れられない出来事ですが、ある日、中学生がわれわれの中学校に演説をしに来たことがありました。壇上に立った彼は、自分が行った「素晴らしい」行為について報告しはじめたのです。

それは次のようなことでした。彼は自分の両親が家のなかで共産党に対する不平、不満を言い募っていたことを、翌日、中学校の教師に伝えた。「うちの両親に疑問を感じる。先生はどう思う」と聞かされた教師は、当然、中学校の党委員会に伝え、党委員会は当然ながら、上位にある党委員会に伝えた。

当時の中国はあらゆる組織、場所に党の組織がありました。上位党委員会は彼の両親の仕事先の党委員会にその旨を伝え、その日のうちに両親は逮捕された。中学校の教師に密告した彼はたちまち英雄あつかいされるようになり、あちこちの学校で自分の「業績」を語るようになった。

演壇の下から見ていると、彼は泣きながら自分の親を「お父さん」「お母さん」と呼ばず、名前で糾弾しました。「〇〇〇、絶対に許さない！」、「こんな反革命分子とは永遠に縁を絶つ」「この二人を徹底的に批判しなければならない」「皆さんも、両親がそんなに堕落しているなら、断固として戦いましょう！」

一斉に拍手が沸き起こったことを、いまでも鮮明に覚えています。

場合によっては、彼の両親は命を失ったかもわからない。あるいは生きていたら、彼の父親と母親は彼を許したかどうかもわからない。もし彼に人間的な良心があるならば、一生苦しむことになるでしょう。

数千万人が死んだ歴史を抹殺した中国共産党

矢板　社会全体が歪んでいるので、その人が苦しむのかどうかといえば、意外とこの社会主義のなかで処世しているかもしれない。

子供の時分からこのような密告社会に身を置いていると、結論としては誰も本音を言わなくなる。嘘しかつかなくなる。

それで共産党の嘘もまかり通るわけです。共産党の宣伝を疑問視したりすると、周りに密告する奴がいる。というようなかたちで、実は人民を支配するにはうまくできている仕組みです。

石平 共産党の一党支配は単なる権力が人々を支配している構図ではなくて、実は人々がすべて権力のなかに組み込まれて、ある意味では皆権力の一部になってしまっている。これは非常に恐ろしいことです。子供でさえそうです。

矢板 共産党政権そのものが嘘つきな政権です。それがみんなを巻き込んで、全員を嘘つきにしてしまった。

石平 いまあの時代は思い出すと面白い。要するに、嘘が事実となって事実が嘘となる時代でした、実際に中国では数えきれないほどの悲惨なことが起きました。たとえば、先に話したように、大躍進の失敗が大飢饉を起こして、中国全土で数千万人の餓死者を出したのに、共産党政府はそんなことはなかったことにしています。

誰かが大飢饉の話をすれば、その人の命はない。だから、誰も言い出さない。誰も言い出さなければ、本当になかったことになってしまうわけです。

ですから、いま、日本人の大半は一党独裁の北朝鮮をテレビで見て、なぜ国民が従順にしたがっているのか不思議に思うでしょう。けれども、われわれはまったく不思議と思わない。一党独裁の国とはそういうものです。

われわれも当時は中国共産党について、疑問に思ったことはなかったのです。悲惨なことが実際は山ほど起きている。ところが、人間は不思議なもので、すべての情報が遮断、閉鎖されて、自分たちの先生も周りの人もみんな「いまの君たちは幸せだ」と言われ続けていると、本当にそう思ってしまう。むしろ、楽しかった。子供だからあまり悩みがなかった。中国共産党の毛主席についていけばいいのだと、本気で思っていました。

党は人民の憤懣をそらすために最底辺層をつくっていた

矢板　世の中には良い人と悪い人がいる。良い人が中国共産党で、悪い人がアメリカや、中国共産党に歯向かう知識人。善悪を単純に二元化するので、中国人民は何も考えなくていいので、ある意味楽なのです。

中国の子供向けのマンガと同じです。必ず敵がいて、それが破壊活動をする台湾のスパイであったりする。そして、そのスパイを捕まえるのが中国人の英雄だという話しかないわけです。

石平　しかも、実際の生活はもう最低限と言っていいものでした。だから、逆に最低限の生活のなかで月に一回、豚肉が食べられれば、ものすごく幸せになれた（笑）。

矢板　その前日から幸せなのです（笑）。

石平　矢板さんの言った二元論は、支配者からするとすごく都合のよい世界。いまからすると考えられないような酷い生活を強いられ、あれほどわれわれは苦しんでいた。しかし、あのころの中国で「反革命悪分子」、「富農」などと、悪いレッテルを貼られた人たちはさらに地獄を見た。

彼らは一切の人権を奪われて、つまり、いつ殺されてもおかしくない状況におかれ、われわれ以下のさらに悲惨な生活をしていました。あとでわかったことですが、当時の政権は〝意図的〟にそういう最低辺層をつくったのです。なぜか。そういう人たちがいる限り、普通の人々は逆に優越感を感じるからです。われわれ普通の人間はああいう最低な人たちにならなくて幸せである。そう思わせるために最低辺層をつくった。

毛沢東によって中国人民は全員地獄に落とされた。しかし、その下にさらに酷い地獄があれば、地獄にいる自分たちはまだましだと幸せに思うわけです。

本当に恐ろしい時代でしたね。

第二章

毛沢東がつくった恐怖の二七年間

文革時には学校に行っても行かなくてもよかった

石平　前章で述べたように、私の少年時代は確かに大変な状況でしたが、いまにして思えば、四歳から一二歳までの田舎暮らしはなかなか楽しいものでした。

合戦ごっこ——村の子たちで団体をつくって、よその村との喧嘩に明け暮れた毎日を送っていました。

私は背が低いから大将には当然なれません。けれども、自分でいうのもなんですが、頭が結構いいから参謀長みたいなポジションについて、勝つためのアイディアをどんどん出すわけです（笑）。参謀になったら誰からもいじめられない。背後に大将がついているから。だから、結構楽しかった。

それに、漢方医である祖父が診療代の替わりに患者たちから受け取った食べ物を、私は遊び仲間に適当に配って、ナンバー2の地位を確保していました。半面、小学校には行ったり、行かなかったり、適当に顔をだしていました。

いかんせん、文化大革命の時代ですから、学校へは行ってもいいし、行かなくてもよかった。先生が強制的に子供たちを学校に呼びつけたら、毛沢東《もうたくとう》の思想に違反することになる。「造反有理（謀反にこそ正しい道理がある）」の世でした（笑）。

学校の先生も授業は適当だったし、子どもたちは午後になったら合戦ごっこに励み、秘密基地をつくりました。合戦ごっこに疲れたら、食べ物を探しました。

私たちはよくスズメを捕まえては、食べていました。地面に穴を掘って米粒をちょっと入れて、瓦を穴の上に立てて、小さな棒で瓦を支える。棒は紐でつながっていて、スズメが穴に入って米粒を食べるときに紐をひくと、瓦がボンと落ちる。この方法で大体一日一〇数羽を捕獲し、焼いて食べました。あるいは田んぼでドジョウを捕えて食べた。

当時の小学校の教員のレベルはお世辞にも高いとは言えず、地元の高校卒業程度、学力としては小学生と変わらないレベルでした。かろうじて掛け算引き算の算数レベルで、物理や化学を教えられる人はいなかった。

したがって、私の教育については、基本的には祖父がしました。四字熟語とか論語の言葉とかいろいろ教えてくれ、国語についてはかなりいい線を行っていたと思います。いま、こうして文筆業を生業にできるのも、祖父の教育の賜物かもしれません。

余談になりますが、私の声が大きいのは、一つにはもともと中国人は他の国の人に比べて声が大きいこと。もう一つ、少年期を農村で過ごしたことです。田んぼの向こうにいる人と言葉を交わすのだから、必要に迫られて声が大きくなったというわけです。

ジョン・レノン暗殺を治安問題と歪めて報道

矢板　少々口幅ったいのですが、私は子供のころから国際政治に興味がありました。一九七九年のイランのアメリカ大使館人質事件（イランで発生した、アメリカ大使館に対する占拠および人質事件）とか、その翌年に勃発したイラン・イラク戦争（一九八〇年にイラクによるイラン侵略で始まった戦争。八八年までの八年間にわたって行われた）とかが大きく報道されていたのを子供ながらに関心をもって見ていました。

当然、歪んでいる報道なのですが、そういうテレビニュースを見るのが大好きでした。報道の基本姿勢は、世界には悪い国がいっぱいあって、なかでもアメリカがその筆頭で、そうした外国がどんどん駄目になっていくというものです。そういうニュースばかりで、いま考えるとゲームでもやるように楽しんでいた。テレビであれば「中央テレビ」のニュース番組、新聞なら「参考消息」。

いま、急に思い出したのですが、一九八〇年十二月八日にジョン・レノンがアメリカで暗殺されたとき、中央テレビにそのニュースが一分だけながれた。どういう扱いかというと、「どうも歌手みたいな人間が殺された、やっぱりアメリカは治安が悪い」と、治安の問題にされていた（笑）。

14歳ごろ、日本に帰国する直前、天津市内の家で

当時は誰もジョン・レノンを知らないから、非常に歪んだかたちでニュースとなって、中国人に伝わりました。そういう意味では、マイケル・ジャクソンが亡くなったときには、中国国内にも追悼する人がいっぱいいましたから、隔世の観がある。そこに中国の大きな変化が見てとれると思います。

国際政治にはかなり興味があって、どんどん中国が強くなっていく一方で、アメリカが駄目になっていく、という感覚で見ていた。これは私だけでなく、おそらく習近平のような共産党エリートたちもずっとそういう感覚を持ちながら育ってきたのではないか。

私は日本に来てからさまざまなものを

見て、かなりリセットしたのですが、きっと彼らはずっとそのままの感覚なのだと思います。誰も歪んでいることに気がつかないまま生きているわけです。

石平　なるほど！　彼らの世界観はいまだに基本的には変わっていない。いや、面白い指摘です。習近平のみならず、枠組みはずっと昔のままで変わっていない。

毛沢東に使い捨てにされた紅衛兵の悲劇

石平　中国に「知識青年」という言葉がありますね。日本では文字どおりただの知識青年なのですが、中国では特別な意味が籠《こ》められている。

　社会的に大混乱を招き、経済をもボロボロにした文化大革命後に、紅衛兵たちをおそう失業問題から生まれた言葉です。

　文革後、都市部の失業問題は深刻でした。多くの若者に就職口がなかったのですが、もちろん、そのなかには紅衛兵も含まれていた。毛沢東にとって紅衛兵はあくまでも劉少奇を打倒するための道具でしかなかったから、道具として使ったあと、紅衛兵の存在は毛沢東と共産党にとっては邪魔でしかなかった。そうでしょう、毎日都市部でうろうろして何をやりだすかわからないわけですから。

　かといって、紅衛兵には就職口はない。そこで、共産党は彼ら全員を農村に追い出すことを考え出した。それが、いわゆる「下放」です。共産党がすごいのは、絶対に追い出すとは言わない、「お前たちは一度農村に行って、農民の再教育を受けろ」と命じた。

というのは、共産党理論のなかでは農民こそが本当の知恵者であり、知識人より農民の立場が高いと謳《うた》っています。知識人は反動思想で頭がいっぱいだから駄目で、農民と労働者が肩を並べて、高い立場にあるわけです。

それで都市部のあぶれた青年たちを「知識青年」と称して、高校を卒業したらほぼ自動的に農村へ送り込む。それが八年ほど続きました。

矢板　たしか六八、九年くらいから下放がスタートして、七六年まで約一〇年続いた。ただし下放される場所はどんどん近くなっていき、最後は北京郊外でした。

石平　最初はみんな人民公社に配属されて、そこから農村に派遣されました。しかし、一方農村からすれば、都会から来た彼らは邪魔者以外の何者でもない。農作業も何もできないのですから。

ただ紅衛兵たちも非常に苦しい立場です。都市部から田舎の農村に追い出され、一瞬にして、未来を失った。

都市部に暮らす父親、母親たちにしてみれば、なんとしても彼らを農村から救い出したい。それで人民公社の幹部、あるいは地方の幹部連中に賄賂《わいろ》を贈ったのです。私が「賄賂」

という言葉を初めて耳にしたのはこのときからです。

ノーベル平和賞・劉暁波の下放時の修羅場

矢板　補足すると、「知識青年」約二〇〇〇万人が農村部に下放されて、一九七七年になってようやく鄧小平《とうしょうへい》が都市部に戻っていいと告げました。ただし順番があると。みんな早く戻りたいわけです。そうしないと、またいつ政策が変わって都市部に戻れなくなるかもしれやしない。そこで、早く戻る許可をもらうために決定権を持つ人間にせっせと賄賂を贈ったのです。

賄賂の話はノーベル平和賞を受賞され、二〇一七年に亡くなられた劉暁波《りゅうぎょうは》さんから直接聞いたことがありました。劉暁波さんも知識青年で下放されていたのです。同様に習近平《しゅうきんぺい》総書記、李克強《りこっきょう》首相、王毅《おうき》外相も下放されています。

劉暁波は吉林《きつりん》省の農村部にいて、最後に都市部に戻るのに村の革命委員会主任である村長からサインをもらわなければならない。サインをもらったらすぐに手続きして都市部に戻れます。劉暁波は親戚中からお金をかき集めて、当時二〇〇元もする腕時計を村長に贈ったそうです。話はここからがすごい。

村長からサインをもらった劉暁波はすべての荷物を馬車に積み、あとは村から離れるだけの段となって、再び、村長の家の前に降り立ちました。彼は斧を持って村長の家に入っていき、村長の前に斧を置いて、こう迫った。

「あなたには三つの選択肢がある。一つ目はこの斧で私を殺す。二つ目は私がこの斧であなたを殺す。三つ目は時計を返せ」

村長から時計を返してもらった彼は、馬車に乗って都市部へ戻っていきました。その時計を持って金に換えないと借金が返せないわけですから、劉暁波も必死だったと思います。鬼気迫る話です。

共産党エリートの歪んだ心理の元凶は下放

石平　都市部へ戻るために知識青年は賄賂を贈ったけれど、下放された若い女性はどうしたかというと、いうまでもなく、村の人民公社の幹部に身体を捧げるしかなかった。それでサインをしてもらい、都市部へと戻ってきたのです。そうした暗い経験を、彼女たちは自分の胸の一番深いところに閉じ込めて生きた。
矢板　いまの中国の指導者たちは、下放され、都市部に戻ってきた元知識青年たちなのです。彼らは毛沢東を信じ切って、田舎に下放された。要は騙《だま》された。しかし当の彼らも社会主義を掲げて立派なことを言ってはいるけれど、みんな賄賂を贈って、都市部に戻ってきた人たちばかりです。同じ穴のムジナに違いはない。
そのことでも彼らはそうとう心が歪んでしまったし、精神のうちに分裂しかねないものを宿らせてしまったのでしょう。それがいまの中国が非常におかしなことになっている原因の一つではないか。

石平 彼らの多くは、自分たちの青春が悲惨だったことを認めたくない。認めたら自分の人生があまりにも惨めですからね。その歪みが心理に反映して、逆にあの時代を賛美したくなったのではないでしょうか。あの時代は素晴らしい時代だからこそ、自分たちは農村に行った。あのころ、素晴らしい人生を送れたからこそ、自分たちの青春には意味があったし、価値があった。おそらく習近平もそういう思想に染まっている。

矢板 同感です。私は習近平の本（『習近平――共産中国最弱の帝王』文藝春秋）を書いたとき、彼が下放された農村にも取材に行ったのですが、そうとう悲惨な生活ぶりであったことがうかがえました。農村生活をスタートした直後、重労働に耐えられず逃げ出しています。しかし北京に受け入れてくれる場所がなく、数ヵ月後に農村に戻る羽目になった。以後、力仕事や汚い仕事を率先的に行い、都会育ちのプライドをかなぐり捨てて完全に農民になりきり、やがて努力が実って、ようやく二〇歳のときに村トップの党支部書記に選ばれたのです。

2011年、習近平が青年時代に下放した陝西省の農村で取材、習近平の青年時代の仲間から話を聞く

習近平の父である習仲勲《しゅうちゅうくん》は、中国の改革開放に大きく貢献した改革派で、文革の際には毛沢東から激しい迫害を受けました。習近平の一族は毛沢東にひどくいじめられたわけです。それなのに、自分と自分の家族を迫害した「敵」であるはずの毛沢東の継承者に習近平はなろうとしている。

人間とは厄介で、いじめられた側が力を持つと、逆にいじめたくなるのです。習近平は下放され文革の痛みをわかっているから、そういうことはしないと思っている人がいるのですが、実際は逆なのですね。

親も先生も子どもと一緒に大学受験

石平　中国の若者たちは一〇年にわたり、将来を奪われ続けました。ようやく大学の統一試験が復活したのが一九七七年。この大学統一試験が面白かった。一〇代、二〇代、三〇代、四〇代がみんな一斉に試験を受けたのです（笑）。一〇年間分の受験者が溜まっていたから。父親と息子が一緒に試験を受けるといったケースもありました。

矢板　当時の中国では、高校の先生でも大学に行ってない人が結構いました。受験勉強で学生を教えていた高校の先生が、学生と一緒に受験して、先生のほうが落ちたなどという笑い話もあります（笑）。

石平　私が一二歳で成都《せいと》に戻ってきた一九七四年は、まだ、文化大革命が終わっていなかった。毛沢東はまだ生きているし、四人組もまだ跋扈《ばっこ》して、あのころは将来の展望も何もなかった。いずれ自分も農村へ下放されるだろうとばかり思っていました。というより将来を考える余裕はなかった。

学校では相変わらず先生が、「君たちの社会主義の祖国には素晴らしい未来が待っている」と大嘘を教えていた。

成都に戻って二年後。中学生のとき、毛沢東が死にました。北朝鮮で金正日《キムジョンイル》が死んだとき、なぜ北朝鮮の人民全員が泣くのか不思議に思った日本人は多いようですが、いま思うと毛沢東が死んだ一九七六年の九月九日に、私も同じ現象を体験していたのです。

実際は、あの日は中国人民がやっと地獄から解放された日でした。しかし、中国人民は皆一斉に泣いたのです。つまり、二十七年間の教育により、毛沢東は絶対的な神様として、われわれの心を完全に支配していた。だから、大半の人は心の底から、泣いていました。そしてそのあとの一月、中国人民は、毛沢東の喪に服して生活を営んだのです。

しかし、そうではなかった。本当はあの日から中国は変わって、人民に初めて未来が開かれた。毛沢東が死んだ翌七七年、鄧小平《とうしょうへい》のもとで大学入試が復活し、われわれの世代の若者たちはそこで初めて目標を持つことができた。

あのころの目標は大学統一試験に合格して、大学に入ることがすべてでした。私が本格的に勉強を始めたのも、統一試験のためで、一五歳のときから猛勉強をした。幸い頭がそんなに悪くなかったから、一九八〇年に合格して、北京大学に入学しました。

「毛沢東が唯一した正しいことは自分が死んだこと」

矢板　新中国にもさまざまなターニングポイントがあると思いますが、やはり一番大きかったのは毛沢東が死んだことです。ある中国の知識人がこう言っていましたよ。「毛沢東が中国建国後に行った唯一の正しいことは、自分が死んだことだ」と(笑)。

石平　いや、私はむしろ毛沢東の死は遅すぎたと思っていますよ。もう一〇年前に死んでくれていたら、文化大革命はなかったわけですから。

それでも私もみんなと一緒に、毛沢東が死んだ日には泣きました。あの雰囲気のなかで泣いてない奴は「お前は反毛主席か?」と疑われるでしょう。みんな自然に泣いていましたね。

矢板　わかります。なんというか、毛沢東は自分にとって一番身近にいる身内という感じなのですね。毎日すべてのメディアが毛沢東のことしか伝えませんから。下手をすれば、自分の家族よりも身近であったと言えるかもしれません。

石平　だいたい小学校から中学校まで、すべての教室の黒板の上に毛沢東の肖像画が掛けられてあり、毎日授業が始まる前に一斉に起立して、毛沢東の肖像画にお辞儀をするわけです。しかも国語の教科書のだいたい半分ぐらいのページを、毛沢東が占めていました。毛沢東の書いた文章、毛沢東の書いた詩。国語の教材のなかに毛沢東が氾濫《はんらん》していた。

矢板　私はまさに鄧小平時代のなかで少年時代を過ごしました。鄧小平時代ももちろん問題が多々あるのですが、あのときの中国は少しずつよくなっているという感覚がありました。八九年の天安門事件までは、ある意味では結構楽しい時代でした。

私たちはどんどん視野を広げていき、外国人がいっぱいやってきて、貧しかったけれど、みんなが希望持っていた時代ではありましたね。

石平　しかし、そういう意味では矢板さんの世代と私の世代の受け止めは若干違うかもしれない。私たちにとって、毛沢東が死ぬ前の時代はよくなる時代ではなくて、すでによくなった時代なのです。すべてがよくなった時代でなければならなかった。

矢板　毛沢東が死んで、その幻想から初めて目が覚めたのです。

毛沢東を否定するために思想を解放した鄧小平

石平　逆に毛沢東が死んでから、徐々に周辺の人々が彼が君臨した二七年間のさまざまな問題や矛盾を口にし始めました。そして、いろんな事実が白日のもとに晒《さら》された。

ご承知のように一九七七年、鄧小平は改革開放を進めるために、毛沢東の政治路線からの離脱を図ります。ただし、依然として毛沢東は絶対的な存在ですから、離脱するために鄧小平が行ったのは思想解放運動でした。

思想解放運動は毛沢東時代の政治に対する否定でした。毛沢東の時代はよくないからこそ、鄧小平の改革開放が正当化された。毛沢東の時代がすべてよかったならば、改革開放は要《い》りません。政権がそういう方向を示すと、知識人も一斉に「いや、実は毛沢東の時代は大変だった」と言い始めた。

矢板　要するに、鄧小平は毛沢東を否定するために思想を解放した。「実践は真理を検証する唯一の基準」という非常に難しい哲学の文言を鄧小平の側近が書いて発表したわけです。それまでの中国は毛沢東語録によって支配されていた。毛沢東がこう言ったから正しい、と。

　鄧小平の主張は、繰り返しますが、何事も実践してみないとわからない。実践をして、正しいかどうか検証しましょうと説いて、絶対視する毛沢東を徐々に否定し始めたのです。

　思想解放を言い続けていたら、中国国内が経済改革のみならず、政治改革も進めようという気運が高まってきた。その結果、民主化を求める学生を弾圧した天安門事件が起きたので、急ブレーキをかけたわけです。そして、経済の解放はいいけれど、政治は駄目だという状況がいまに至るまで続いています。

「暴露文学」で文革の本質を知った

石平　あのころの思想解放運動のなかに「暴露文学」なるものがありました。文化大革命の苦しみを体験した人たちが小説を書いたのです。面白いもので、当時の人たちは自分の生活のなかで起きていたことを、おかれていた立場を、こうした小説を読んで初めて理解したのです。ある意味では私にとっての人生の転機がこの暴露文学でした。

大学に入ってからみんなどういう議論になったかというと、最初はそうした暴露文学を読んでも、誰も毛沢東が悪いと糾弾する〝勇気〟がなかった。みんな四人組が悪いという認識に留まっていた。

しかし、少し後になってからこう思い始めました。四人組があれほど権勢をふるっていたのに、毛沢東が死んだら逮捕されている。それでは四人組はどうしてあれほど悪いことができたのか。考えてみれば、単純な話でした。毛沢東が背後にいたからにほかならない。では、毛沢東とは何か。

毛沢東の独裁政治があったからこそ、文化大革命があって、四人組が跋扈して、さまざまなことが起きた。この独裁政治をなくすためにどうすればいいのか？

それが八〇年代の民主化運動、天安門事件へとつながっていったのです。天安門事件に関しては第四章で改めて取り上げたいと思います。

衝撃的だった日本の警察官と市役所職員

矢板　天安門事件が起きる一年前の一九八八年に、私は日本に帰ってきました。ちょうど一五歳のときです。日本に来て、まず思ったのは、なんていい国なんだということでした。これはたぶん石平さんも同じような感覚を抱かれたでしょうけれど。

それまで中国で暮らしていた自分は天国にいると思い込んでいたので（笑）。地獄と聞かされていた日本に来てみたら、とんでもなくいい感じなのです。空気もきれいだし、町もきれいだし、人々は優しい。

私がまず衝撃を受けたのは、日本の警察官が交番にいる人を殴っていないことでした。日本の警察はすごい、みんな優しいじゃないかって（笑）。天津《てんしん》にいたとき、家の近くに警察署があって、警察官が一日中人を殴っているのを見ていましたから——。まあ、いまでも中国の警察は殴り放題やっていますが。

それから、市役所に行って戸籍の手続きをしたときも驚きました。中国では賄賂を渡さないと手続きが進まない。まず、知り合いの知り合いを通じて、市役所に誰か伝手《つて》はいないかと聞く。ようやく「ライトパースン」にたどりついたら、今度こういうことをやりたいのでと言って、食事に招待したり、賄賂を贈ったりする、そうしないと手続きがまったく進まない。

日本ではそれが全部自分ひとりでできる（笑）。しかも信じがたいことに電話一本で済む。そして、市役所で相手をしてくれる職員はずっと笑顔なのです。それもまた私には衝撃的でした。

日本の政治家が超一流？

矢板　そのころ私は結構いろいろな本を読んでいたのですが、政治家を目指すきっかけとなった本がありました。

中国には二〇〇〇年前に老子《ろうし》という道教を説いた日本でも有名な思想家がいますが、「政治家には三流の政治家、二流の政治家、一流の政治家がある」と書いているのです。三流の政治家は恐怖政治を行っている。すぐに粛清に走るので、国民はいつも戦々恐々としながら、国が収まっていると。

二流の政治家とは、国民に感謝される政治家。この人のおかげで自分たちはやってこれたと感謝される政治家です。でも、それも所詮は二流なのだと老子は説いています。

そして、一流の政治家とは、国民に馬鹿にされる政治家であるというわけです。まさに老子的な発想です。要するに「あいつはただの飾りで税金泥棒だ。自分たちが頑張っているから、いまの自分たちの幸せがあるのだ」とすべての人民にそう思わせるような政治家こそが一流だというわけです。

老子的な考え方でいくと、日本の政治家はみんな超一流になります（笑）。そして、この老子の言葉に刺激を受けた私は政治に目覚め、松下政経塾を受けて、日本の政治家を目指そうと思ったのです。

石平 そういう意味では、毛沢東の行った政治は正に二流、三流です。習近平はせいぜい三流（笑）。

矢板 鄧小平は二流になれたけれど、所詮は三流でしょう。たとえば日本で、安倍首相に感謝しなければいけないと言う人は絶対に頭がおかしいと思われますよ（笑）。

悪いのはすべて劉少奇一派になすりつけた毛沢東

石平 あの時代、中国国内でいいことがあれば、すべて毛主席に感謝しなければならない。逆に悪いことがあったら、すべて悪い分子、階級の敵、反革命勢力のせいにされました。時代によって悪い分子は異なっていた。

文化大革命のなかでは悪いことがあれば、すべて劉少奇《りゅうしょうき》一派のせいにされた。劉少奇自身とっくに死んでいたのにもかかわらず。

とにかく劉少奇は悪役の主役であり、諸悪の根源だとどこでも教えられたものです。六九年あたりから、それこそ毎日のように。

しかし大変不思議なことに、「あいつは極悪人だ。三〇回殺しても足りないぐらい」と罵っていた劉少奇が以前は共産党の政治局副主席だった事実を、誰も疑問に感じないことです。

林彪《りんぴょう》事件（一九七一年、毛沢東の後継者とされた林彪が起こしたとされるクーデター未遂事件。その後、林彪グループは粛清され，林彪批判が全国で展開されたが、林彪事件については謎の部分が多い）以前は、林彪はまだ毛沢東主席の忠実な部下であり、副統帥であり、副領袖でした。その林彪が突然死んでしまい、彼は突然極悪人になってしまったわけですが、これも少し考えてみればおかしいことに気づくはずです。

「反革命分子」として処刑されたゴミ拾いの老婆

石平　ただし、林彪の死で、毛沢東の言い分はさすがに通用しなくなりましたね。いくらなんでも林彪は毛沢東が自分の後継者に指名した人でしょう。

矢板　少なくとも見る目はなかった（笑）。

石平　当時、誰も口にすることはできませんでしたが、心の中では毛沢東がおかしいと思っていました。

毛沢東が生きていた時代、毛沢東に歯向かえば不敬罪、反革命罪で一律死刑になりました。だいたいあのころの中国には法律が存在しなかった。法律のかわりとなる数十条におよぶ暫定法を制定し、その第一条に「毛沢東主席にたいし悪辣な攻撃を行った者は何人であれ、一律死刑に処す」と定められました。

いま、子供時代に見た恐ろしい出来事の一つを思い出しました。田舎から成都に戻って、中学校に通っていたときのことです。近所にお婆さんが一人で住んでいて、ゴミを拾って何とか生活をしていました。

天気のよい日はいつも街角に一人で座って太陽の光を浴び、学校の帰りに通りかかる私たち子どもにいつも笑顔で、「お疲れさん、勉強頑張ってね」と声をかけてくれた。

しかし、ある日突然、そのお婆さんが消えたのです。大人たちの話によると、彼女は「反革命分子」として逮捕されたといいます。

一人のゴミ拾いのお婆さんがどうして「反革命分子」なのかというと、実は彼女はある日、毛主席の顔写真を印刷した新聞紙を使って、ゴミ捨て場から拾った大根を包んだのですが、そんな些細なことで「反毛主席」の大罪に問われたのでした。

そして数日後、このお婆さんはトラックに乗せられて、町中を一巡して市民たちの見せしめになったあとに、処刑場に引きずり出され、銃殺されました。

しかし、そのときの自分もやはり、たとえ笑顔の絶えない一人の優しそうなお婆さんであっても、「反毛主席」となれば当然殺してもよい悪人であるに違いない、と思っていたのではなかったか。

後になって思えば、それこそが自分自身が実際に見た、その時代の毛沢東政治の実態をあらわす典型的な一例だったのです。毛沢東政治の狂気と残虐性は、やはり疑問を挟む余地のない真実でした。

人間の心の「悪魔」を利用した毛沢東

石平　矢板さんが先にふれたノーベル平和賞の劉暁波が自伝のようなものを書いています。彼が子供のとき、悪い分子にされた実父を仲間の少年たちと一緒にいじめたのだと。

彼曰《いわ》く、結局自分たちの心のなかにもそういう「悪魔」が棲《す》みついている。毛沢東はそうした人間の心の悪魔を利用して、さらにそれを助長して、初めて文化大革命を仕組んだ。

それでは文化大革命とはどういうものであったかというと、毛沢東は人間性のいちばん悪い部分をうまく利用したといえる。

紅衛兵からすれば自分たちに厳しかった先生を殴りたい。しかし、普段の秩序のなかで先生を殴ることなどできるはずもない。毛沢東は文化大革命で、そうした「先生を殴りたい」という学生たちの欲望を、革命という名で正当化して、解放したわけです。

造反派もそうです。造反派は基本的にならず者、ただのゴロツキです。彼らは社会に対して、憎しみや劣等感など、さまざまな悪感情を抱いていた。特に、地位や富のある人に対しては、それらは膨《ふく》れ上《あ》がっています。

文化大革命はそうした人々を造反派に仕立て上げた。造反派になったら、高級幹部の家に乱入して掠奪《りゃくだつ》する、殴る。あるいは、多少金を持っている人の家に乱入する。

毛沢東は革命の名を借りて、そういう悪魔を野に放ったのです。

祝日直前に必ず行われた公開処刑が民衆のストレス発散

矢板　私も小学生のとき、「公判大会」と称する公開処刑によく動員されました。人民裁判が行われる体育館に、学校の芸術鑑賞みたいな感じで集められて、反革命分子が死刑判決を宣告されるまでの一部始終を眺めていました。

中国では死刑を言い渡された人間は、その日のうちに執行、公開で銃殺されるのです。まず市内をトラックで一周します。受刑者の横に名前と罪状が書かれた看板を立てられ、処刑を意味する赤いマジックで×を書かれ、市民に見せしめます。私たち子供は自転車で追いかけていき、最期までこれを見届けるのです。

政府に反発した人間がどうなるか。やはり恐怖心を植えつけられましたね。

石平　公判大会、公開処刑を眺めていたとき、われわれを支配していた心理は、一つは恐怖心。そしてもう一つ、正直に言えば、ある種の祭りの雰囲気のようなものがあった。要するに、見物というか、祭典のようなムードに包まれていました。

文革中は共産党の創立記念日、メーデー、国慶節、元旦などの祝日の直前には、全国各地の大小都市で必ず「公判大会」が開催されました。祝日前に殺人祭典が恒例となっていたのです。

矢板　普段、民衆は娯楽が何もないわけです。映画も面白くないし、歌も中共賛美みたいなものばかりでつまらない。公判大会は民衆の一種、ストレス発散をさせる場でもありました。

石平　そうそう、ストレス発散です。公判大会の日、成都の街全体でだいたい五〇人は処刑されました。日本人からすれば、信じられない話だろうけど、本当のことなのです。

五〇人が一人ずつトラックに乗せられ、トラック五〇台がゆっくりと走る。道路の両側は群衆で埋め尽くされている。あたかもディズニーランドのパレード状態です。道路を挟む建物や家々の窓にも人の顔でいっぱい。まるで成都の市民全員がローマのサーカスを見物しているような光景が繰り広げられているのです。

もちろん、さっき矢板さんが言われたように、鈴なりになった見物人全員は、共産党に楯突いたらそうなると理解しています。そして、もう一つ、たしかにそれで一種のストレス発散をしていた。

ローマ帝国は民衆にサーカスを提供していましたが、中国共産党はサーカスではなく殺人ショーを与えていた。さらに言えば、ローマ帝国はパンとサーカスの両方を提供していたけれど、共産党はパンを与えずに、殺人ショーだけを提供していたわけです。いや、国慶節のときには僅かながら豚肉を振る舞われましたがね。

これがわれわれが育った中国の現実なのです。おそらく北朝鮮でも同じことがなされてきた。それで政権を安定させたのです。

あれほど人民を苦しめながら政権を維持できていたのは、一種の恐怖政治だから。もう一つは、民衆が持つ人間本性の悪い部分を満足させてきたからです。

みんなが殺人ショーを見た翌日は祝日です。たとえば国慶節には特別にひとり〇・五キロの豚肉を供給されました。だから、あのころの中国人民は国慶節の前日に殺人ショーを楽しんで、国慶節当日に特別に〇・五キロの豚肉を口に入れて、「ああ、これで幸せ」という世界だったのです。

矢板　次の写真を見ていただきたいのですが、私の知り合いも公判大会の死刑囚にされました。

この三人は文学青年で、雑誌をつくったのです。場所は黒竜江省《こくりゅうこう》の哈爾浜《ハルビン》でした。雑誌

文化大革命期間中の1968年4月、黒竜江省で処刑された文学青年たち。「北へ」という同人誌を出版した

の名前は「北へ（シャンベイファン）」で、北とはロシアのことです。

文学の同人誌を三人でつくって、自分の書いた詩文などを載せて、たまたま「北へ」というタイトルにしたら、「ソ連のスパイだ」ということで、簡単に殺されました。

処刑者の頭数確保のために生まれた「悪攻罪」

石平　逆に言えば、当時の政権は敵が存在するから処刑するのではなく、恒例化してきた殺人ショーで処刑するためにその犠牲となる人員の確保を迫られた。

確保に躍起になったのは各都市の「革命委員会」でした。一九四九年に共産党政権が樹立して以来、嵐のような「鎮圧運動」や「粛清運動」が連続的に行われてきた結果、「反革命分子」はすでに根こそぎ処刑してきました。

　にもかかわらず、大事な祝日のたびに、どこの都市でも一定数の「反革命分子」を処刑しなければなりません。頭数の確保は殺す側にとって悩みの種になっていた。

　そこで、各地方の革命委員会が考え出した唯一の解決法は、反革命分子という罪名の適応する範囲の〝恣《し》意《い》的〟な拡大でした。

　たとえば、当時流行《はや》っていた「悪攻罪」は、すなわち「毛主席に対する悪辣な攻撃の罪」の拡大解釈によって発明された。明確な表現で毛沢東や共産党を非難するのはもちろん立派な悪攻罪になるのですが、拡大解釈が進むと、毛沢東の政策や政治スタイルにほんの少し疑問や不信感を呈するだけでも、悪攻罪として認定されるのです。

　あるいは、毛沢東は普段、「人民の太陽」と称賛されているので、誰かが会話や詩文のなかで本物の太陽を貶《おとし》める発言をすれば、それもまた悪攻罪に適用された。

　毛沢東の肖像画や語録を不注意で汚したり破ったりすることも、毛沢東の顔写真が掲載された新聞紙を使って野菜を包んだり、竈《かまど》の火を点《つ》けることも、ことごとく悪攻罪にされました。成都のゴミ拾いのお婆さんがそうです。

　悪攻罪とは反革命罪のなかでも〝上等〟な罪でしたから、死刑判決の根拠として十分だったのです。こうして悪攻罪が発明されて以来、各地方の革命委員会は「祝日前処分」の頭数集めに困らなくなったわけです。

習近平政権になって公開処刑が復活

矢板　本章の最後に日本人がぞっとする話をしたいと思います。

この公開処刑は、鄧小平時代にいったんなくなったのですが、最近、習近平政権になってから復活しています。やはり、恐怖政治は効《き》くのですね。習近平の政治手法は完全に毛沢東と同じです。もう人権的な発想などまったくありません。

死刑囚の処刑法は銃殺なのですが、残酷なのはその銃弾の費用を家族に請求するのです。けっこう高くて、一発三元します。ときどき一発で亡くならない人に何発も撃つと、家族にとっては大きな経済負担になるのです。

石平　私はこれまで何度も中国共産党政権の残酷さについて日本人に警鐘を乱打してきましたが、これまで話してきたように、私たち自身が全体主義の恐怖を身をもって体験してきたから言うのです。しかしその恐怖を知らない日本人に本当の意味で伝えるのは難しいかもしれません。しかし、中国を見るうえでも北朝鮮を見るうえでも、そうした日常が現実にあることを理解しなければならないでしょう。

第三章

日中が蜜月だった八〇年代

北京大学哲学部入学に猛反対した父親

石平　前章では毛沢東《もうたくとう》時代の暗黒の中国について論じ合ってきましたが、本章では、主に八〇年代の民主化に向おうとした中国と、日中蜜月と言っていい時代に、われわれが中国と日本をどう見ていたかを議論したいと思います。

矢板　たしかにいまの反日中国しか知らない日本人からすると、考えられないほど八〇年代の中国人は日本が好きでしたね。また、中国の民主化に向けて希望もあった。石平さんが北京大学に入学したのも一九八〇年ですよね。

石平　そうです。大学統一試験は八〇年に一発で合格しました。当時の中国は文科系と理科系に分かれて大学受験をするのですが、私は数学を含めて理系はまったく駄目だった。

文化系を目指すと言うと、大学で物理学の先生だった父から、文化系はみんなマルクス主義者になる、イデオロギーに染まると猛反対されました。

それでもやはり文化系が好きなので、大学統一試験を受けて、自分の希望する大学を書いた。当時は二次試験がなかったから、統一試験の結果をみて、各大学が人選をするのです。もちろん大学にはランク付けがあって、一流とか二流とか、いわゆる「重点大学」と党から格付けされた大学があった。

私は希望欄に北京大学と書きはしても、哲学部とは書かなかった。ところが、私は哲学部に選ばれました。すると父親がまた怒った。「なぜお前は哲学なんだ」と。

哲学部に進むということは、将来、共産党のイデオロギーの宣伝に加担することになると思ったのでしょう。

前述のように、父は大学の学部の共産党支部の副支部長まで務めましたが、その後は共産党に幻滅し、「政治にはもう二度と関わり合いたくない」と心に決めていた。

父とはもめたものの、それでも北京大学に入りました。当時の中国の哲学はみなマルクス主義です。マルクス主義を理解させるために、当然ヘーゲル、カントも多少は教えます。イギリス経験論も学びました。でも、大学四年間のうち半分は民主化運動に没頭しました。

大学生活のキーワードは民主化

石平　当時の中国の大学生は入学すると、たいていは大学内の学生宿舎で生活することになります。当然、大部屋で、だいたい一部屋一五平メートルに八人が暮らしていました。

二段ベッドが四つ並び、その真ん中に長方形の机があって、それですべてでした。生活は大学のなかでほとんど完結していた。食堂も雑貨店も本屋も揃っていたので、北京大学からあまり出ることはなかった。

女子学生もいましたが、別の女子棟で暮らしていた。女子棟こそ、われわれの憧れなのですが、簡単には入れない。そもそも恋愛はご法度《はっと》。北京大学には女子学生が少なかった。だから、民主化運動を行うときには、女子学生の多い師範大学と連携しました（笑）。民主化運動といっても下心が半分あった。

あのころのわれわれの生活はどうだったかいうと、勉強三昧だった。やはり大学に入って、さまざまな知識、情報が入ってきました。当然知らないことがいっぱいで、必死に勉強するわけです。

しかし、夜のわれわれの生活は面白かったですよ。午後九時には消灯だけれど、男八匹がおとなしく寝られるわけがない（笑）。たいていは天下国家の話になりました。

みんな興奮して民主化とか、この国をどう変えるかとか、二時間ほど語り合う。それで疲れ切ったときに、誰ともなく女の子の話に切り替わる。それでまた二時間ほど盛り上がって、ようやく眠りにつく毎日です。

北京大学は民主化運動の一つの拠点ですから、学生の大半は勉強しながらも、中国の民主化について真剣に考えました。また討論会もやった。

文化大革命が終わってから、それまでの反動もあって、新しい思想をとらえる知識人が人気を博した。劉賓雁《りゅうひんがん》や王蒙《おうもう》は当時の言論界のスターであり、精神の指導者でした。彼らが北京大学に講演に来たら、大変な数の大学生が押し寄せてきた。

私が北京大学に入ったとき、北京市の人民代表選挙が行われました。普段なら代表は共産党の上層部から指名されるのですが、このときは鄧小平《とうしょうへい》の改革開放が始まったばかりで、テスト的に人民代表を選挙で選ぶことになったのです。

北京大学も一つの選挙区になって、誰でも立候補できました。いまはニューヨークにいる王軍濤《おうぐんとう》と胡平《フービン》が北京大学から立候補していますが。実を言うと、この選挙に当選しても何の意味もなかったのですが。

しかし、彼らが立候補したことで、一気に民主化運動に火がついたのもまた事実です。自分たちが選挙で代表を選ぶことの素晴らしさを初めて知ったからです。

立候補した二人の演説会を聞いたら、「共産党打倒」以外のすべてのスローガンが出ました。しかし、さすがに共産党打倒とは誰も言えなかった。

大学生時代、民主化運動に没頭していた

そうなるとわれわれのテーマは民主化に完全に絞られました。八〇年から八四年までの大学生活のキーワードは「民主化」でした。

区の選挙立候補者に対する執拗な嫌がらせ

矢板　中国の民主化は、北京に二〇〇七年春から一六年末まで約一〇年間駐在した私にとっても、大きな取材テーマでした。中国の法律では選挙は間接民主制で、北京市でいえばまずは区の人民代表大会の議員になり、この区の議員たちの投票を得て市の議員になり、市から全国へという流れになっています。

最初の区レベルの選挙だけが一応直接投票になっているのですが、基本的に共産党が指名した人しか当選できません。石平さんが言われた八〇年代は、さまざまな人が選挙に出て挑戦しました。

たとえば、劉少奇《りゅうしょうき》の息子の劉源《りゅうげん》も師範大学から立候補して落ちています。その当時はまさに理想があって、中国の民主化を実現しようという人たちがいたわけです。それが八九年の天安門事件から、すべてが変わったことはまえに述べました。

ただ、最近はまた選挙のたびに多くの立候補者が出ています。ただ八〇年代と違うのは、だいたいが土地を強制収用された人とか、いわゆる陳情者たちが自分の地元政府への不満を訴えるために立候補するわけです。

しかし、この動きを政府がきわめて警戒をしています。そうした候補者に私みたいな新聞記者が直接電話すると、すべての通話を盗聴されたこともありました。

陳情者の選挙への届け出が当局に事前にバレると、まず潰されます。だから、推薦者の名簿を集めて届け出る日まではみんな黙っているわけです。

私らもそれまでは気づかれないよう注意して取材をするのですが、先に記事を出すと潰されてしまうので、届け出るタイミングに合わせて書いています。なんというかニュース解禁みたいな感じで書くのですが、結局、潰されることが多かった。

振り返ってみれば、石平さんが関わられた八〇年代の民主化には、中国を民主主義国家にしたいとか、人権問題をなんとかしなくてはといった崇高な理想がありました。

最近のはそうではなくてものすごく現実的で、獲られた土地を返してくれ、というような切実な訴えがほとんどなわけです。

実際、私が取材してみたところでは、いまのほうが明らかに政権にとって脅威なのです。やはり国民の不満が直接こういう投票にあらわれてくるから、たまに間違って一人、二人当選する。これを恐れているのです。

したがって、立候補者への地元政府の嫌がらせはすごい。たとえば私が取材した人が成《せい》都《と》区の全人代に立候補しようとしたときのことです。その人の息子さんはテニス選手だったのですが、彼を省の大会に出場させないとか、奨学金を止めるとか、あらゆる形で家族にプレッシャーをかけたりと、陰湿ないじめを受けた。結局大抵が最後には立候補を辞退することになります。

石平　八〇年代の北京市の人民代表選挙の話に戻すと、一度だけそういう選挙があったのですが、あのときは民主化を唱えてみたものの、どういう具体的目標を立てて、工程表をどう描けばよいのかは、さっぱりわからなかった。

ただ八〇年代を通して天安門事件までは、この国はどんどんよくなっていくという空気はたしかにあった。よくなるだろうという受動的な感覚ではなく、むしろ自分たちでよくしていくという能動的な感覚があった気がします。

それにしても八〇年代当時、まさか後の自分が日本人になってしまうなどとは夢にも思わなかったですね（笑）。

八〇年代に中国を夢中にさせた日本の大衆文化

石平　しかし、八〇年代の中国は日本と非常に密接な関係にあったといえます。

中国としては鄧小平の改革開放を進めるため、外国からの技術と資金、近代化モデルを導入する必要がありました。そこで鄧小平が目をつけたのは、まず日本でした。技術もあれば、お金もある。しかも、中国からすればいろいろ学べる近代化のモデルとして、日本はまさに理想的な存在でした。

当時の中国は「四つの近代化」という国家計画を策定していました。国民経済において、工業、農業、国防、科学技術の四つの分野で近代化を達成することを目標としたわけです。

矢板　八〇年代の中国はただでさえ、経済危機に喘《あえ》いでいました。外貨もなく、頼みの石油も生産力が落ちていた。日本にすがるしかない状況でした。

石平　しかし、中国が日本に求めたのはそれだけではなかったのです。大衆文化がそうでした。実際に八〇年代に中国で風靡《ふうび》して、中国人に大きな影響を与えたのは、実はハリウッド、アメリカではなくて日本だった。それをわれわれの世代は身をもって体験しました。

どういうことかというと、それまで中国が経験してきた文化大革命、毛沢東の死去、改革開放時代には大衆文化が皆無だったわけです。八〇年代になるまで中国の文化はすべて政治文化であり、人間の欲求、あるいは人間の心を満たすものは何もなかった。

毛沢東時代における映画や演劇は、おしなべて革命の英雄を称える政治教育のためのものでした。人間的な感情を表現するものは何もない。そうした人間性や人間的なものを表現するものは、実は最初はことごとく日本から入ってきたのです。

数え切れないほど多くの日本の映画が翻訳されて、上映された。たとえば日本ではそんなに大した映画ではないけれど、高倉健主演の北海道を舞台にした『君よ憤怒の河を渉れ』（中国題『追捕』）はすごい人気でした。

あるいは山口百恵のテレビドラマ『赤いシリーズ』。中国人は初めて人間的な世界にふれたわけで、本当に新鮮な刺激を受けた。さらに日本の歌が入ってきて、続けてアニメが入ってきて、中国人を夢中にさせた。

矢板　私もアニメをよく見ました。鉄腕アトムとか一休さんとか、アニメはすべて見ていましたよ。

中国人の若い女性の憧れとなった高倉健

石平　たしかに映画『君よ憤怒の河を渉れ』は大ヒットしたけれど、もう一つの大ヒット映画は『遙かなる山の呼び声』（中国題『遠山的呼喚』）で、高倉健主演で山田洋二監督でした。倍賞千恵子も出ていました。これも舞台は北海道で、未亡人と子供の牧場での物語。

放映されると、中国人はこの人間物語に感動して、『君よ憤怒の河を渉れ』を上回る大ヒットを記録しています。また、この映画二作で、主演の高倉健は八〇年代を通して、中国の若い女性たちの憧れの的になった。

矢板さんは覚えていないかもしれないけれど、あの当時の中国人の男はたいがい貧乏だったので、若い女性の恋人を選ぶ一番の条件は、実は背の高さだった。基本的に身長が一七五センチ以上ないと相手にされない。

矢板　高倉健のせいですね。私は被害を受けた（笑）。

石平　背が高くて、しかも無口な奴が一番モテる。高倉健は無口ですから。矢板さんは幸い、中学生のときに日本に来たから、まだ被害を受けてないでしょ。私は二六歳までずいぶん被害を受けた。あなたは早めに中国から脱出してよかった。私は二六歳まで全然駄目だった（笑）。

資本家に対する中国人の認識を覆したテレビドラマ『おしん』

石平　それからもう一つ、あのころおそらく中国人の人間観・社会観に大きな影響を与えた日本のテレビドラマが、『おしん』（中国題『阿信』）です。『おしん』は中央テレビ局で全国放映された。カットされたかどうかを私は知りませんが、おそらくカットすべきところはなかったはずです。あのころは『おしん』が再び一世を風靡しました。『おしん』が放映される時間帯は、街から人が消えて、家でテレビを見ていた。

矢板さんは映画やドラマは覚えていますか？

矢板　ええ、はっきりと覚えています。石平さんが挙げられた映画やドラマはよい意味で、中国人のこれまでの価値観を崩したのだと考えています。

まず、『君よ憤怒の河を渉れ』という映画は、無実の罪で連行される主人公の話ですが、国家権力の警察だって間違えることもあることを、教示する映画だったわけです。だから、共産党政権にはとんでもない作品だったはずだけれど、放映して大ヒット作となりました。中国での観客動員数が八億人に達したとされるほどです。

それと私の印象に残っているのは、同じ高倉健、倍賞千恵子で北海道が舞台になった『幸福の黄色いハンカチ』（中国題『幸福的黄手帕』）ですね。ああいったしみじみとした恋愛物を中国人は初めて味わったわけです。それまで、そういうものは中国ではなかった。中国の革命劇のなかで、男女の恋はありえないわけだから。そこだけでもすごく感動できたのです。

石平　中国の革命劇はみんな独身者ですからね。アチンさんも独身者。グオチェンワンワン、要するに英雄はみんな独身。

矢板　それからやはり『おしん』にも衝撃を受けました。資本主義のなかで努力して金持ちになることは、別に悪いことではない。そのことをこのドラマを通じて、中国人たちは初めて知ったわけです。

石平　われわれが受けた教育は、「資本主義は残酷であって人間性なし」でした。しかし、主人公のおしんは資本家でありながら、人情味に溢れ、細《こま》やかな人間の機微を感じる心を備えています。

矢板　中国人は金持ちはみんな悪人なのだという教育を受けてきたため、『おしん』を採用するかどうか、政治的にかなり審査を受けたはずです。共産党は大丈夫と判断したのでしょうが、実は『おしん』のなかに隠されたメッセージがあったのです。それは中国共産党の教育を完全に否定するものだった。その衝撃は大きいです。

石平　別にあのドラマは「共産党反対」などと一言も発していません。しかし、共産党のイデオロギーを根底からひっくり返してしまった。われわれが受けた教育、あるいはそれまで見た映画のなかでは、資本家はみんな太っていて、アヘンを吸って労働者を奴隷のように使って贅沢三昧する極悪人でした。

中国政府が反日運動を弾圧していた時代があった

矢板　本当に日本の文化によって、中国人が目覚めたわけです。ですから、あの当時は「反日」という空気はまったくなかったですね。皆無でした。

というか、当時の中国政府は反日とは〝真逆〟の動きをしていた。七〇年代には日中戦争で直接被害を受けた人がまだ生きています。たとえば身内が日本軍に殺された人もいます。その人たちが反日運動をしようとすると、中国政府が弾圧するわけです。そっちのベクトルの時代だったのですよ。

石平　政府にすれば、日本と仲良くして、改革開放政策を推進するために日本から投資を呼び込み、日本の技術を学び取りたいわけですから、日本を批判するのは政策的に都合が悪かった。

矢板　当時は慰安婦の話など聞いたことがなかったです。一〇〇〇年以上前に鑑真《がんじん》というお坊さんが一〇年かけて日本へ渡って、仏教の戒律を広めた。政府はそればかり宣伝していたことを思い出します。

歴史教科書に載っていた小林多喜二と大塩平八郎

矢板　これも大半の読者が知らないと思いますが、実は私が習った八〇年代の中国の中学校の歴史教科書に日本人が登場していました。面白いのは、プロレタリア文学の小林多喜二だということです。日本の文学者といえば、彼なのですね。『蟹工船』を書き、警察の拷問により殺害された彼は、中国では共産党の仲間として見られ、ヒーロー扱いされています。

もう一人、すごく意外な人物が教科書に掲載されています。天保《てんぽう》の大飢饉で立ち上がり、乱を起こした大塩平八郎その人です。日本の歴史上の人物ではあるとはいえ、かなりマイナーな存在です。

ところが、中国が教える歴史にはパターンがあって、必ず社会が発展していく進歩史観なわけです。まず原始社会があって、それから奴隷社会となり、封建社会となって、資本主義社会を経て、そして最後に共産主義社会に行き着く。

社会は必ずそうした段階を踏んで発展していくのだと教え、それを外国の歴史についてもすべて当てはめるのです。大塩平八郎はなぜか中国の解釈では、資本主義の始まりなのです。そういう捉えかたは、いまの日本で大塩平八郎を知っている人全員が首を傾《かし》げると思いますが、無理矢理当てはめたのでしょう。

明治維新についても、「不完全な資本主義革命である」と記述されており、わけがわかりませんが、そう教えていたのです。やがて日本も共産主義になり、その代表が小林多喜二だというわけです。

一九六六年以降、中国共産党は日本の共産党と仲が悪くて、共産党の書記長だった宮本顕治とは敵対関係にありました。それで他に探してみたら、小林多喜二に当たったので、採用したのでしょう。

石平　共産党は、社会は進化しなければならず、奴隷社会、封建社会、資本主義社会を経て、最終進化形が共産主義社会であると洗脳してきた。そして進化の原動力は階級闘争で、そこに小林多喜二も大塩平八郎も関わってきたと教えた。

矢板　まとめれば、中国人はそんなわけのわからない歴史を教えられながら、日本を理解（？）していたのです。

中国政府からお墨付きを与えられた山口百恵

石平　『おしん』の話に戻ると、国家の進化の原動力が階級闘争だったという共産党のウソは、これですべてが崩れてしまった。中国人民が夢中になって見たあのドラマのどこにも階級闘争もなかったし、ましてや反革命分子もいないのですから。

八〇年代の中国は、「啓蒙の時代」だったと総括できるでしょう。毛沢東時代の中国が暗黒時代であることはすでに述べました。そこから解放されて、今度は日本の文化に啓蒙される時代が訪れたのです。八〇年代に日本の影響を受けた世代は多いと思います。

われわれの世代でも、ご飯を食べているときに八〇年代の日本文化の話になると、みんな驚くほど日本人スターやアイドルの名前を覚えていて、場が盛り上がるのです。

当時、高倉健や倍賞千恵子や山口百恵を知らない中国人はいなかったといっていい。日本の総理大臣は誰も知らなくても。

矢板　それでもやっぱり、日本人アイドルが出るテレビ番組にしても、中国政府の〝お墨付き〟が必要だったことに変わりありません。あくまでも政府が「この人を見てよい」「山口百恵を見てよい」と許可したアイドルを中国国民は見ているわけで、それ以外のアイドルはみんな知らないのです。

第四章

人生の転機、アイデンティティの克服

アイデンティティの混乱からの脱出

石平 矢板さんに訊《き》いてみたいのは、日本に自分のルーツを持つ矢板さんは中国で少年時代を送り、八〇年代には日本の文化にふれて影響を受けています。その当時、自分の立ち位置、あるいはアイデンティティについてどのように捉えていたのか。そこを知りたい。

矢板 実は私の場合、アイデンティティの混乱が二〇歳前後まで続いていました。自分が日本人か中国人かどっちなのかわからなかったのです。日本に来てからもずっとそうでした。

大学を卒業して二四歳のとき、私は松下政経塾に入塾しました。前述したように、私は日本で政治家を目指していました。日本の政治家は素晴らしいと思い、政治の勉強もしていました。

それで松下政経塾に入ったとき、アイデンティティがどちらかわからないのではまずいと強く思ったわけです。たとえばサッカーとかバレーボールの試合を見ていても、日中どちらを応援すればいいのかわからない。

そこで意図的に日本人のアイデンティティを持たなければいけないと思って、サッカーで日中戦を見るまえに、日本人選手の名前を全部覚えて、日本チームのこれまでの試合をビデオで全部見ると、日本チームがものすごく身内に感じられるわけです。相手の中国は、当時は日本よりも若干強かったようですが、あえて情報にふれないようにしました。

　そうしたトレーニングをすることによって、徐々にアイデンティティを日本側に持っていったのです。

石平　結構大変な精神的作業をされたのですね。言語の問題もあったのでしょうか？

矢板　そのときはまだ、日本語はすでに不自由なくしゃべれるようになったが、アイデンティティの問題としては言語は関係ありませんでした。

試行錯誤しながら覚えていった日本語

矢板　日本語の習得については、日本に来て、普通の公立の中学に入ったので、その場その場で試行錯誤しながら、覚えていきました。たとえば、中国で卓球をやっていたので、卓球部に入って試合をすると、わりと勝てた。すると部員たちから「強い、強い」と言われる。そうか、強いという日本語は「うまい」という意味なのか、と覚えます。

　しかし別の場面ではその「強い」が違う使われ方をするわけです。たとえば学校の技術の授業で椅子を製作したとき、椅子を一生懸命叩いていたら、先生に「強い」と言われた。私はてっきり褒《ほ》められたと思って、ますます強く叩いてしまうわけです。でも、本当は私が強く叩きすぎていたので、先生はもう少し加減しなさいとたしなめたわけですよね。
そうした試行錯誤がずっと続きました。

石平 中学に入った当初は、イジメや嫌がらせみたいなことはあったのですか？

矢板 もちろん、ありましたが、ケンカは苦手ではなかったし、とにかく殴られたら殴り返した。黙ってないわけです。相手が複数だとしても、とにかく反撃する。すると、たいがい次は来なくなるわけです。もう挑発してこなくなった。

だから、イジメが続くのは、やられても反抗しない、反撃しない子供なんですね。それが相手にわかるとどんどん仕掛けられるようになる。三発やられても一発殴り返せば、相手側もちょっとは痛い目に遭うわけだから――。

ケンカに限らず、私はすべてにおいて必死でした。当初、日本語がわからないので、授業が始まっても、科目が生物なのか物理なのかもわかりません。一〇分ぐらい経ってから、やっとわかったようなことが続きました。

ただ少しずつですが、勉強ができるようになっていきました。学年全体で五五〇人ぐらいいて、試験が終わると順位が張り出されます。最初はほとんどできなくて、数学は見ればちょっとできる程度でしたから、五教科合わせても一〇〇点に届かないレベル。

それでも順位は五五〇人中の五三〇番台で、私の下にどうして十数人もいるのだと笑いがこみ上げてきました。それからは試験をやるごとに順位が上がるわけです。一〇〇位になり、次は五〇位になり、試験が楽しくて仕方がなかった。

いまから考えてみると、日本に来たてのころは結構大変だったのですが、当時は何とも思ってなかったですね。それだけ必死だったということでしょう。

厳重注意を受けた大学での秘密啓蒙活動

石平　実は私と日本との縁は偶然としか言いようがないのです。

15歳の矢板少年。日本に帰国した直後、千葉市内の中学に転入学をした

当時の中国では、大学を卒業したら就職活動は不要で、政府から仕事を与えられるシステムになっていました。一九八四年に私が配属されたのは地元四川《しせん》省の四川大学哲学部で、職位は助手。教授や講師を補佐して、大学生たちを「指導」するという立場でした。

そのころはまだ民主化運動の熱が続いていたから、自分にとっては「民主主義理念の啓蒙」を思う存分やれる絶好の機会到来だと考えたのです。教室ではできないことですが、安い給料をやりくりして、安い酒と鶏の丸焼きを自由市場で買って、学生たちの寮に通いました。一緒に飲み食いしながら、彼らを啓蒙するのが目的でした。自分の担当クラスのみならず、彼らの紹介で別のクラスの学生の部屋へも行きました。

そうした秘密啓蒙活動は教授や講師の耳にも入っていたけれど、彼らは容認してくれていました。ただし、教授からは、「気をつけてくれ。大学の党委員会に知れたら、まずいからね」と助言されてはいました。

ところが、ある日、秘密啓蒙活動を続けていた私は、学部の共産党支部に呼びつけられ、支部長から厳重注意を受けたのです。

教授からは「君の活動は理解できるが、私の立場もあるから、やめてくれないか」と諭されたし、私と同じ厳重注意を受けた学生たちは、私から露骨に遠ざかるようになりました。私の活動は完全に封じ込められたわけです。

苦悶の日々が続きました。一時は、大学を辞めて北京に戻り、仲間たちと一緒に、運動に専念しようかと思った。でも、その時代の中国では、自らの「転職」はまったく許されません。公職を辞せば、路頭に迷うしかなかったのです。私は悶々としながら、大学に留まっていました。

降って湧いたような日本留学のチャンス

石平　そんな私に意外な転機が訪れます。日本にいるいちばんの親友からの手紙が舞い込んだのです。理科系だった彼は清華大学へ進み、卒業後すぐに政府派遣の留学生として日本に渡り、三年目になっていました。彼は大阪大学の研究室に在籍していました。

文面は、「日本に留学に来ないか」という誘いでした。「来るなら、半年間の生活費と学費を立て替えるよ。あとで返せばいい」

憂鬱な日々を送っていた私には、降って湧いたような千載一遇のチャンス到来でした。日本への留学を決意した私は、「はい、わかった。行くよ」との返事を彼に送りました。すべてはそれで始まったわけです。

何を学ぶのか、どこの大学に行くのか。何も決まっていなかったけれど、当時の若い中国人にとって留学は、人生の一大チャンスなのです。しかも未開のアフリカに行くのではなく、憧れの国の日本だからなおさらです。先進国であり、大衆文化で結構馴染みになった日本に留学しない手はない。

大阪で親友と同じ研究室の日本人の親に保証人をお願いして、私はとにかく日本にやってきた。それが八八年の春のことです。

私が日本へ向かう旅費は北京大学の連中が工面してくれました。乗り物はむろんのこと飛行機ではなく、格段に安い船でした。

当時、大阪・神戸と中国の上海の間に鑑真号という客船が往来していました。運賃は安いけれど、二日間かかった。東シナ海を渡って日本を目指した鑑真がたどったのと、だいたい同じルートでした。

鑑真号に乗ったことは、人生の転機にふさわしかった。ただ、いま思えば、親友がもし日本でなくアメリカに留学していたら、私はアメリカに行っていたかもしれません。あるいは、当時、彼が誘ってくれなかったら、いまごろどこで何をしていたのか。

大阪のバイトでは一度も「馬鹿野郎」呼ばわりされなかった

石平　まずは日本語をなんとかしなくてはなりません。最初の一年間、大阪の日本語学校に通い、「あいうえお」から学びました。

日本語学校の学費はアルバイトで全部賄うことができた。幸い、あのころの日本はバブルの最後で、バイト先はいくらでもあり、しかも時給は高かった。いまでも覚えているけれど、時給九〇〇円とか一〇〇〇円で、三〇年後の現在と比べても遜色ありません。

梅田の曽根崎という繁華街にある居酒屋の地下一階の厨房で働いた。毎日夕方五時から一一時までの六時間、皿洗いに没頭していました。

九〇年代の江沢民《こうたくみん》政権になって、中国で「反日教育」が盛んになり、日本人は中国人をいじめるとか教えていましたが、私のアルバイト先の厨房にいる日本人はみんな親切にしてくれた。私が外国人だとわかれば、逆に優しくしてくれ、むしろ日本人同士のほうがよほど厳しく叱られていた。

板前さんも日本人のアルバイトには何か落ち度があると、「馬鹿野郎！」と怒鳴っていた。でも、私は馬鹿野郎と言われたことは一度もなかった。

その経験を中国に帰ったときに話しても、誰も信じてくれない。そして必ずと言っていいほど聞かれる。「日本は大変でしょう」と。「どうしてですか？」と返すと、「だって、毎日いじめられているのだろう」と同情の視線を送ってきます。「いやいや、全然いじめられてないよ」と強く言ったら、「まあ、わかる、わかる。辛いことを言いたくない気持ちはわかるよ」と話がまったく噛み合わなかったですね。

中国帰国者定着促進センターでの出来事

矢板　私が日本に来たのも石平さんと同じ一九八八年です。当時、残留孤児とその家族は埼玉の所沢市にある中国帰国者定着促進センターに送り込まれました。全部で三〇〇人程度、五〇家族以上は集まっていたのではないでしょうか。

そこにまとまって四ヵ月間生活しながら、日本で適応するためのトレーニングに励みました。この八八年はまさに日本経済がバブルの絶頂期にありました。

いま覚えているのは、周辺の群馬県とか長野県とかの中小企業の社長がセンターにバスを仕立ててやってきて、リクルーティングをしていたことです。とにかく人手不足だった。労働者がいないから、ウチで働いてくれたら、手取り二五万円払うからと勧誘するわけです。それに釣られて途中でいなくなってしまった人がいて、騒ぎにもなりました。

もう一つ面白かったのは、中国帰国者は日本に来ると最初に健康診断を受ける。私たちは天津から来たから問題ないのですが、帰国者の多くが中国東北部に住んでいた人たちで、彼らの大半がそれまで健康診断を受けたことがなかった。

血液検査で血を抜かれますよね。それが終わると、彼らが話し合っているのが聞こえてきたのです。「絶対に奴らは、俺たちの血液を売っているに違いない」「血を盗まれた」「血を返せ」そう言って、抗議の座り込みをしていました(笑)。結局、彼らは何を見ても、信用できないのです。

日本の残留孤児の問題はなかなか難しいです。結局、中国に帰った人もいるし、日本に残っている人でも、最後まで言葉ができない人もいますしね。

私は自分自身でアイデンティティの問題に何とか決着をつけて、松下政経塾に入って、政治家を目指しましたが。

人生最大の転機となった天安門事件

石平　私は大阪の日本語学校で基本的なことを覚えて、一年後の一九八九年四月に神戸大学大学院の修士課程に進学しました。

これもまた私の人生にとって、もう一つの転機でした。思えば、その前にもいろいろな転機がありました。四歳で農村に行ったのもひとつの転機。北京大学に入ったのも一つの転機。日本に来たのも一つの転機。そして言うまでもなく私の人生において最大の転機となったのは八九年六月の天安門事件でした。

八九年四月十五日に、民主化運動に理解を示した胡耀邦《こようほう》前総書記が亡くなった。彼の死を契機に、いったん下火になっていた中国国内の民主化運動の機運が一気に高まり、爆発しそうな勢いになります。

日本の中国人留学生たちも「なんとかしないと」と立ち上がった。同じ神戸大学や近畿地方の大阪大学、京都大学にも同じ理想と志を持つ仲間が多くいた。しかもそのほとんどが、私と同じように、八〇年代前半に中国国内の大学に入って、民主化運動に参加していました。

瞬く間に京阪神横断の連帯組織ができ上がり、私は神戸のリーダーのうちの一人になります。外国の日本でわれわれにできることは唯一、大阪の阿波座《あわざ》にある中国の総領事館まえで毎日抗議の声を上げることでした。

総領事館の館員の大半はわれわれの民主化運動に同情しているのです。総領事館のあちこちの窓からみんな手を振っていて、いったい敵がどこにいるのかわからない状況でした。

あのころ、国内では毎日さまざまな情報が日本のメディアを通じて入ってきて、われわれのなかには、「これで革命が成功なり」という高揚感に溢れていた。北京大学の仲間からも電話や手紙が来て、「今度こそ長年の夢を実現するぞ！　一緒に頑張れよ！」と激励された。

しかし、いよいよ歓喜と希望のクライマックスに達した直後に、私たちは地獄を見たのです。六月四日、「血の日曜日」として世界を震撼させた天安門事件。あの晩はほとんどの留学生はテレビのある仲間の家に集まって、食い入るように中継画像を見詰めていました。

あの晩のこと、この事件の前後のこと、またそのときの自分の体験と思いについて、語るのは私には無理。おそらく一生、公の場で語ることはないでしょう。私は以前にもそう書いたことがあります。

あの日に、鄧小平の凶弾に倒れて、若い生命と青春の夢を無残に奪われたのは、自分たちの同志であり、自分たちの仲間なのだ。後で知ったことだが、自分がかつて一緒に飲んで、一緒に語り合ったことのある仲間数名が、その犠牲者のリストに含まれていた。

彼らはかつて、私の目の前に座って、私に向って夢と理想を語り、私に青春の笑顔の明るさと、男同士の握手の力強さを感じさせた。彼らは確かに生きて、存在していた。

そしてあの日突然、彼らは殺された。

彼らは死んだ！　何の罪もないのに、素晴らしい理想に燃えていたのに、祖国への熱い思いを胸一杯に抱いていたのに、彼らは殺されたのである。

私は今でも、彼らの名前も、出身地も、当時の学年も、所属学科も、全部はっきりと覚えている。しかし唯一、彼らの顔はどうしても思い出せない。どう頑張っても、思い出せないのである。

おそらく、私の無意識の中の「自己」が、それを思い出させないのだ。彼らの顔に向き合うと、自分の精神が持たなくなるからだろう。

それは、私という人間が永遠に自分自身の精神の一番奥にとじこめておくべき、悔恨の記憶である。死ぬまで触れてはいけない心の傷跡なのだ。少しでも触れてしまうと、血が止まらないと思う。

だから、もうこれ以上は語りたくない。(『私はなぜ「中国」を捨てたのか』ワック)

私たちの民主化運動は別に共産党を敵視したわけではなかった。中華人民共和国はあくまで「自分たちの国」であり、この国で民主主義を実現することにより、よくしたいと思っただけでした。しかし、悪いのは毛沢東だけではなかった。改革開放の鄧小平でさえ、一瞬でも共産党の独裁体制を脅かすような事態になるとすぐさま残忍な本性をむき出しにした。

むしろ、暗黒の毛沢東時代にさえ見たことのない恐ろしい光景が現実のものとなったのです。共産党が、兵隊と戦車を出動させて自らの首都を「占拠」し、自国の丸腰の学生や市民に手当たり次第に銃撃を浴びせ、戦車で踏みつぶした。

だから私はあの晩、人生最大の転機を迎えたのです。結論を言えば、あの晩で、いままでやってきたことをすべて清算した。あの国のために、中国のためにやったことは無意味

来日し、京都映画村にて。胸に秘めた思いを抱えていた

だと思った。もう終わったのだ、と。今後自分が中国のために何かをすることは二度とない。自ら中国と絶縁したわけです。

天安門事件以後完全にとまった政治改革

矢板　天安門事件については、当然、非常に関心が高かったです。もし私が中国にいて高校生だったら、何か運動に参加していたかもしれません。ただ実際には日本にいたので、ある意味冷静に見ることができたような気がします。

その後、新聞記者になって北京に駐在するようになると、天安門事件とは何だったのかを自分なりに突き止めようと動きました。

北京にいるいわゆる「天安門の母」と呼ばれる遺族たちを訪ね歩いたり、天安門事件を知るさまざまな人たちと仲良くなって、話を聞きましたね。先日お亡くなりになった劉暁《りゅうぎょう》波《は》さんの自宅には何度もお邪魔して、当時の話をじっくり聞かせてもらいました。

きわめて大きな意味で、天安門事件は中国を変えたと思います。鄧小平による改革開放とは基本的に政治改革と経済改革を同時に進めるものでした。特にその後失脚した趙紫陽《ちょうしよう》は政治改革にかなり熱心だったのですが、天安門事件によって政治改革の流れが完全に止まったのですね。

経済改革も一旦止まったけれども、九二年の鄧小平の「南巡講話」（鄧小平が湖北省・広東省・上海など南部地域を視察した際、各地で改革開放の加速をよびかけたことをさす）で再開します。本当は経済だけでなく政治改革も一緒にやらなければいけなかった。けれども、中国において政治がどんどん閉塞化していき、押さえつけられて、経済の改革だけが急速に進んでしまった。

私が取材したある中国の知識人はこう語っていました。「経済改革と政治改革は二つで一セットの手袋なのに、片方の手袋がどんどん熱くなっていき、もう一つのほうはまったく冷え切っている。中国が非常にいびつな国になっていくのを自分は見てきた」

中国の歴史から消された趙紫陽元総書記

矢板　北京駐在時代に通っていた美容室で私を担当していたのは河南《かなん》省出身の女の子でした。何回か行っているうちに話をするようになった。おそらく彼女は二二、三歳くらいだと思いますが、「河南省のどこなんですか?」と尋ねたら、「滑《か》県です。何にもないところですよ」と言い、「有名人もいませんし……」と続けたのです。

でも、趙紫陽《ちょうしよう》はそこの出身なのです。私が「趙紫陽のところじゃないですか」と言ったら、彼女が「趙紫陽って香港の歌手か何かですか?」と聞いてきた。知らないのです。自分の故郷の英雄を知らない。私にとって彼女の言葉は衝撃でしたね。

八〇年代後半、私がまさに日本に帰国したころ、趙紫陽総書記はトップニュースから始まり、中国のテレビに出ずっぱりでした。それだけ徹底的に宣伝していたのです。

昨年（二〇一七年）は香港返還の二〇周年でしたが、香港返還の中国側の主役は間違いなく趙紫陽でした。それが返還をテーマにしたテレビドラマや報道番組があれだけ中国で流されたのに、趙紫陽の話題は一つも出てこなかった。

全部鄧小平がやったことになっていたのですが、鄧小平は黒幕でした。あとは脇役が何人かいて、その人たちが脚光を浴びていました。この間、鄧小平の生誕一〇〇周年のテレビドラマが放映されたけれど、それにも趙紫陽は出ていません。

歴史はこんなに簡単に封印できるものなのか。私はそう思いました。そんな国が日本に対して、「日本は歴史を歪曲をしている、真実を教えなければ駄目だ」と抗議するわけです。中国政府の言っていることは滅茶苦茶です。

逆に天安門事件を書かなければならない。風化させてはいけないという気持ちが強くなったので、北京にいた時代には、毎年天安門事件の日にはさまざまな記事を書いてきました。

弾圧を受けても劉暁波が中国に止まった壮絶な理由

矢板　私は劉暁波に「なぜあなたは海外に行かないのか?」と直接聞いたことがあります。天安門事件に参加した学生リーダーたちはほとんど外国に逃れたからです。

劉暁波はこう答えた。「子供たちが殺されたのに、ヒゲの生えたやつが生き残っているのは理不尽だ」

劉暁波は天安門事件のまえ、北京師範大学の先生でした。学生たちに、「この国は政治改革しなければいけない」と主張していたのが評判になり、他の大学の学生も彼の授業を聞きに来ていた。でも、その学生たちが天安門事件の主役になって、天安門広場のなかで無残に殺された。

彼は結局、その責任を取っているわけです。一度投獄されて出てきたときに、天安門の母たちを一軒ずつ訪ねて謝罪をしました。彼が最後まで中国に残ったのは、天安門事件で自分が学生たちを煽って死なせてしまった、その責任はそういう形でしか果たせないと考えたからです。その言葉を聞いたときに、やっぱりすごい人だなと思いました。

石平　劉暁波は、ある意味では中国現代史のなかでいちばん人間的な英雄だと思いますね。中国の良心みたいな人物です。

天安門事件の後、何とか生きていくために、私はわざと自分に一種の強迫観念を押し付けることにしました。要するに、自分はもうあの国とは関係ない。関係ないからこそ、あのことを忘れてもいい、と。さもないと、生きていくのは結構辛い。

あの瞬間から、私は中国を捨てた。別に高邁《こうまい》な理念から捨てたのではない。自分が生きていくためにです。

常に自分に言い聞かせてきた。「自分はあの国とは関係ないぞ」と。一応あのころ、国籍は中国だった。でも、もうあの国には未練はないから、悪くなるのも良くなるのも、俺の知ったことではない。だからこそ、逆に日本で何とかやっていかれた。

第五章

反日と愛国の源流

日本人より裕福に暮らせた大学院生時代

石平　いまにして思えば、私は現在は日本国民になって、日本の立場からさまざまな言論活動を行っていますが、その基礎ができたのは日本での留学生時代です。

私は八九年四月から神戸大学大学院で勉強をしたわけですが、あの当時の留学生は結構優遇されていて、学費を払ったことは一度もなかった。

そのうえ、最初の一年間は民間団体から月八万円の奨学金をもらい、九〇年に大学の修士の二年生になったときには、日本の文部省から奨学金が回ってきたのです。

だいたい一大学で枠は二、三名しかないのだけれど、運がよかった。文部省の奨学金は結構な額で、一月一八万円も支給されました。しかも返済義務は一切なし。加えて、一万円の住宅手当てをつけてくれた。

だから、修士の後半一年と博士コースの三年間の計四年間を月一九万円の奨学金で生活していましたね。もちろん学費は全面免除。

それに比べ、日本人の院生たちは、みんな経済的に辛そうでした。日本の場合、大学までは学費も生活費も親が仕送りしてくれる。しかし大半の親は、大学院に入ったら面倒を見ない。自分が選んだ道だからね。

したがって、たいていの日本人院生は学費と生活費を自分で稼がなければならず、いつもピーピーしていました。一方、私は月一九万円の返済義務無しの奨学金、おまけに学費は全額免除でしょう。修士の二年生から、私は「留学生貴族」になってしまいました。

奨学金のおかげでアルバイトからも解放されて、時間の余裕もできた。中国のことはしばらく忘れて、日本について猛勉強した。大学院での勉強ももちろん、歴史、文化、あるいは仏教などもおおいに学びました。

京阪神ですから、京都もあれば奈良もある。大学の先生たちと歴史的な遺跡を歩く会をつくり、毎月、京阪神周辺のどこかしらを巡ったものでした。

私にとって幸せだった時期はまず子供時代の農村生活ですが、その次に幸せだったのが、留学生時代のあの四年間といえるでしょう。生活の心配も一切なく、しかも自分自身に強迫観念をかけて、「もう中国人ではないから、中国がどうなろうと俺は知らない」と心を楽な方向へと仕向けていました。

自分はもう中国人ではない

石平　「自分はもう中国人ではない」と毎日のように言い聞かせていた。だが、自分が何人かはわからないのも辛いことです。おそらくそのために、日本に対して自分は興味を持たざるをえなかったのでしょう。

やはり人間とは無意識のうちにアイデンティティを求めるものだから。中国人を捨てた以上、大学院時代に日本のことをいろいろ学び、知るにつれて、日本的なものを受け入れようとしたのかもしれません。

私は大阪の中国総領事館の前で抗議デモを行ったと言いましたが、実はそのとき、日本のテレビに撮影されていたのです。ナチスの帽子を被った李鵬《りほう》の似顔絵を描いたボードを持って、こぶしを振り上げたところがカメラに写されていた。これが私のテレビデビューです（笑）。

しかし、それが怖くて、天安門事件後、しばらくは中国に戻らなかった。後で一切お咎めがないということがわかって、九二年か九三年に、留学中に初めて中国に帰りました。中国で仲間に再会するとみんなに笑われました。「お前は他人に会ったらすぐお辞儀をする。アホか」と（笑）。

これが私の日本同化の兆しだったかもしれません。自分がこれから生きていくために、自分の心のために、中国人を捨てろ。中国人でなければ、自分は何人なのか。

あの頃から徐々に自分のアイデンティティを日本人に変えていくという作業を、知らず知らずのうちに行っていたのだと思います。

矢板さんはアイデンティティ問題をトレーニングによって克服されたわけですよね。

世の中を変えていくのは政治家ではなく新聞記者

矢板　そうです、松下政経塾時代に、日本で政治家を目指していたときに克服しました。当時松下政経塾は選挙でイメージがよかったので、私も地元である千葉県の県議選に出ようと準備をし、同時に少子化問題や地方創生などについての勉強もしました。

神戸大学院時代の石平青年。日本を満喫しアイデンティティの葛藤が徐々に和らいでゆく

ただ、松下政経塾の先輩の選挙を手伝っていくなかで、日本の政治家があまり勉強をしていないことがわかってしまった（笑）。基本的に時間がないのです。

私が手伝ったのは、たとえば先輩が朝起きて顔を洗って歯を磨いている間に、日経新聞の見出しだけを読み上げることでした。先輩はそれをふんふんと聞いていて、すぐ駅前に行って、マイクを持って、「今日の日経新聞こんな記事が出ていました」と呼び掛けるのです。

ところが、きちんと読んでいないので、言っている数字が滅茶苦茶なのです。ゼロが一つ、二つぐらい違ってもお構いなしで、適当に言っているわけです。支離滅裂なのだけれど、一方で通りを歩く人たちもみんな忙しいから、「ああ、松下政経塾生はよく勉強しているな」という具合になる(笑)。それで国会議員になることに疑問が生じました。

そして、気づいたのです。国会で質問をする議員はたいてい新聞での問題提起を参照している。つまり、ベースは新聞なのです。結局、世の中を変えていくのは新聞記者ではないのか。私にもう一つの選択肢が生まれた瞬間でした。

自分としては国会議員になるにしても、もう少し勉強が必要だと思っていたので、松下政経塾を終えたあと、九八年に中国社会学院のドクターコースに入学しました。石平さんと同じく哲学でした。

三年間ほど籍を置き、その間にワシントンに行ったり、松下政経塾でも様々な実務をこなしましたが、結局、新聞記者の道を選んだ。そうして縁があって産経新聞にお世話になることになったのが二九歳のときでした。

石平　ちなみに中国で博士論文は何を書いたのですか?

矢板　戦前右翼の理論的最高指導者である北一輝と辛亥革命の関係を中国語で書きました。辛亥革命のとき、北一輝は上海にいたのです。辛亥革命は青年将校たちが立ち上がって政権をつくった。北一輝はこれにかなり影響を受けて、帰国後、二・二六事件につながっていくわけです。

でも、結局、博士号は取れませんでした。ちょうど書いている時期に、産経新聞から記者見習いからどうかという話をいただき、帰国したからです。

埼玉で警察番からスタートして、次に行政を担当しました。二〇〇三年に当時の土屋義彦知事の疑獄事件のときは県政担当でした。その後、熊谷通信部で地方行政を担当してから本社の外信部に移りました。そこで二年ほど内勤を経験し、北京総局に特派員として配属となったのが、二〇〇七年ですね。

北京での最初の仕事は長期連載企画「鄧小平秘録」でした。まさに私が中国にいたときは鄧小平時代だったのですが、一歩引いて、あらためて中国に向き合い、結局あの時代はどうだったのかを詳しく再検証するもので、非常に勉強になりました。

結論から言えば、中国共産党の一党独裁とは、たまたまうまくいく時期があったとしても、政治権力を行使し、国民を〝奴隷〟として支配するこの体制は、邪悪以外の何ものでもないわけです。「鄧小平秘録」で中国を批判する記事をずっと書き続けました。

いつの間にか「反日」に変化していた中国

石平　私が大学院を出たのは、ちょうど阪神・淡路大震災のあった一九九五年でした。実は、私も被災者でした。私の下宿は神戸にあったのですが、あの晩は、当時付き合っていた彼女の大阪の下宿に泊まっていたので助かった（笑）。

ほどなく、ご縁があって、京都にある民間の研究機関に就職しました。そこには三年ほどお世話になったのですが、勤めている間は京都の嵯峨嵐山に住んでいました。

そのころの中国は、九二年の鄧小平《とうしょうへい》の南巡講和を契機に経済が本格的にテイクオフし、誰もが金儲けに走っていた。

当時はまだ中国国籍だから「帰国」ということになるのですが、中国に帰国するたびに感じたことがあった。それは二つの変化で、一つは、中国人の「反日感情」の高まり。エリートほど反日感情が強くなっていた。とにかく中国に帰ったら、仲間を含めてみんな平気で、「日本はけしからん」と攻撃するわけです。

もう一つの変化は、大学時代の仲間たちの心が様変わりしたことです。北京の街も大きく変貌していたけれど、それ以上に彼らの精神、考え方は大きな変化を遂げていた。民主化運動にあれほど情熱を燃やした連中は、天安門のことは忘れていた。あるいは忘れたふりをしていた。

　彼らの持ちかけてくる話題は何かというと、まず金儲け、それからナショナリズムでした。キーワードにすると、「愛国」、「反日」、「お金」。

　私なりに分析すると、天安門事件であれほど若者達を殺した共産党が求心力を取り戻すためには、愛国主義を掲げるしかないわけです。愛国主義を掲げると、反日もやらなければならない。なぜなら、敵のない愛国主義は盛り上がらないからです。

　だから日本を敵として仕上げる。それで、愛国と反日が成立したのです。かつて民主化を語った人たちの〝理念〟の枠組みが、いつの間にか愛国に変わった。そして理念から完全に逸脱した人たちが金儲けに爆走したわけです。

　私がいちばん悲しくなったのは、天安門事件の学生たちの大きな訴えの一つであった「官倒」を、自分たちも利用していることでした。

元同志たちの心の変貌に茫然自失

石平　「官倒」とは、特権を利用して商売をするということ。特権がなければ買えないようなものを横流ししてもらうことです。共産党幹部の子弟、いわゆる太子党《たいしとう》は自分たちの親の特権を利用して、たとえば当時の鉄鋼など非常に珍しいものをたくさん横流ししてもらい、高く売る。そして巨利を得ていたわけです。あれほど憎んでいたはずの官倒をいまは自ら率先して行っている。自分に多少でもポジションがあれば、それを利用して何か利益を得ようとする。しかも面白いことに、みんな公然と自慢しているのです。

彼らの考え方のパラダイムが完全に変わってしまった。天安門事件で反腐敗・反権力を訴えてハンストを行った元同志が自慢げにこう言いました。「最近いいポストに着いたので、補助金が使いたい放題だ。すごいだろう」

天安門事件のときに決死隊を編成して、本気で鄧小平と刺し違えるつもりだった元同志は、不動産ビジネスで大成功を収めていた。彼の叔父が国有銀行の副頭取になったからです。彼は叔父のコネを利用して、地元の国有銀行から膨大な融資を引き出し、それを元にして不動産開発をうまく行い、折からの不動産バブルの風に乗って成功した。その元同志は土地を手当てする際に官僚に多額の賄賂を贈ったことを臆面もなく自慢していた。

またその彼を猛烈に羨む元同志が、「俺にもお前の叔父のような有り難い親族がいればなあ」と言うと、彼は「俺の叔父を、しばらくお前に貸そうか」と応じる始末。

私は元同志のやりとりを眺めながら、茫然自失の体でした。胸の奥でこう呟くしかなかった。天安門事件とは何だったのか、俺たちの青春は何だったのか、と。

四〇にしてルビコン川を渡る

石平　もう一つ許せないのは、中国人に反日感情を抱かせるように仕向けた共産党の悪辣さです。江沢民が来日した一九九八年、そのころの中国の日本に対する言説は嘘、捏造《ねつぞう》の限りを尽くしていました。

中国国内の新聞を読む中国人には、日本では髭を生やした軍人たちが東京を闊歩している。軍国主義が完全に復活している。そんな印象を抱かせるような記事があふれているわけです。

あまりにも私が暮らしている日本とはかけ離れている。どこが軍国主義なのか。逆ですよ。日本はいま、自分たちで自国を守れないような弱い国になっている。どこが軍国主義か。

どうしてこうなるのか、自分なりに調べて行き着いた結論が、中国の「反日教育」でした。中国政府が意図的に、新聞、教科書、テレビ、映画、文学作品などを通じて、徹底した反日教育を行ってきた成果なのです。

そのことを世に知らしめるために、私は『なぜ中国人は日本人を憎むのか』という処女作を二〇〇二年、ＰＨＰ研究所から出版しました。これは中国のネット上、新聞、雑誌などに跋扈《ばっこ》する膨大な反日言論を分析して書いたものです。出版社による内容紹介を以下に引いてみます。

（前略）「すべての日本民族を絶滅せよ」「日本人は神様がつくった不良品である」（中略）九〇年代後半から中国のインターネット上に突如現れた「論壇抗日戦士」たちはなぜ日本人を攻撃するのか。『ノーと言える中国』『野心と密謀』『日本の秘密』などの著作で日本への敵愾心と憎しみを駆り立てる中国の学者たちの真意はどこにあるのか。偏見と先入観に満ちた日本報道を平然と行なう著名ニュースキャスター、軍国主義批判を繰り返す新聞の意図は何なのか。北京大学で哲学を学び、神戸大学に留学した著者の疑問は、「日本へ行った中国人は必ず虐められる」と多くの中国人が信じていることだった。実体なき憎しみ、根拠なき誤解が増幅されるほど日中関係にとって不幸なことはないと感じた著者が、中国人の「日本憎悪」の深層心理に迫ったのが本書である。日本脅威論のつくられ方、軍国主義復活論の植えつけ方から増幅法まで、中国の言論メカニズムの本質を抉り出した労作（後略）

この本を出すために、勤めていた研究機関に迷惑をかけてはいけないので辞職しました。

この本を出して、私はルビコン川を渡ったわけです。渡ろうとして渡ったわけではないけれど、本を出したことで、結果的に渡ったことになった。

これが私の人生の最後の大転換です。この本を出した以上はもう戻れないわけで、ある意味では逆に楽になりました。ちょうど四〇歳になるときだったので、出版社にお願いして、発売日をわざと誕生日にしてもらいましたよ。

論語のなかに、「三〇にして立つ。四〇にして惑わず」とあります。私の場合、三〇にして残念ながら立たなかったけれど、四〇にしてもう惑わない（笑）。

いまでは「日中戦争」の副読本まである歴史教科書

矢板　私は八〇年代の前半に、中国の学校で歴史の教育を受けました。もちろん教科書には「日中戦争」に対する言及はあるのですが、半ページあるかないかぐらいの感じでした。北京特派員になったとき、歴史の教科書を調べてみると、「日中戦争」の記述が年を経るたびにどんどん増えて、いまでは副読本まで登場しているのです。

テレビドラマについては、内容のエスカレートぶりがとにかくすごい。以前から抗日戦争を舞台にしたテレビドラマはあったのですが、中国共産党が正しくてすごいという話が多かった。それが最近では、日本軍の残虐性を強調し、日本に対する敵意を露骨に煽るものが増えています。

石平　われわれが昔見た抗日の映画は、日本人が残酷に描かれるのではなく、むしろ日本兵がピエロみたいに描かれていました。共産党は格好よくて、日本人は馬鹿だという図式。

ですから、あの日本軍を見ても、憎しみは湧いてこない。ただ頭が悪いのだろうと思っていました。だいたい日本軍の兵隊は口髭を生やして、口を開ければ、「バケヤル（馬鹿野郎）」と「ミシ、ミシ」としか言葉を発しない。

矢板　多分それは食事するということの「飯、飯（メシ、メシ）」を「ミシミシ」と中国側が間違えて言っているのだけれど、そういう類の間違いが多いですね。

最近、中国はお金がかなりあるので、テレビドラマに日本人俳優を起用する。だからちゃんとした日本語で、「ミシ、ミシ」みたいな、本当かどうかわからないような日本語でなく、まともな日本語を喋る俳優が出演しています。

中国のテレビに出演する日本人たちはいわば出稼ぎ労働者なのですが、私が出会った人は、その演出に困惑していました。

テレビドラマで、中国の東北部の真冬の大雪のなか、馬に乗って日本兵としてやってきて、ある村に入った。そこに若い娘がいる。ドラマのシーンでは、日本兵はすぐに馬から降りて、彼女をレイプすることになっているわけです。その俳優は「極寒のなか、そんな気にならないでしょう」と言っても聞き入れてもらえず、制作側から「いや、当時の日本軍はそうだった」と主張され、そういう役をさせられたとこぼしていました。要するに、常識的に考えてありえないような場面をわざわざつくるのです。

完全に逆転してしまった中国人の価値観

石平　矢板さんが残留孤児の子供として日本に戻ったのは一五歳のとき。そして約二〇年を新聞記者として北京に駐在していたわけです。この二〇年間における中国の変化について、どう捉えているのでしょうか？

矢板　石平さんが言われたように、価値観が逆転してしまいましたね。毛沢東時代は「お金とは〝悪〟である。毛沢東思想がいちばん素晴らしくて、金儲けなど絶対にやってはいけない」という発想だったのに、鄧小平時代にはそれが完全に逆転して、「お金を持っている人がいちばん強くて正しい」というような社会になってしまいました。

石平　われわれが子供の時代に受けた教育は、「資本主義ほど汚くて残酷なものはない」というものでした。でも、気がついてみれば、あれほど忌まわしい「汚くて残酷な資本主義」は中国のなかにさらに歪な形で根付いてしまった。もう中国の価値観は完全に変わってしまったと断言できます。同時にエリートほど最低限の倫理観と羞恥心を失ってしまった。

「振興中華」は北京大学で生み落とされた

石平　いまにして思えば、中国のナショナリズムは愛国主義教育を施した江沢民時代から始まったわけではありません。中国は文革をはじめとする国内問題のため、全面的に近代化に立ち遅れた。経済、科学、技術等々すべてにおいて、先進国に比べて決定的、絶望的に遅れてしまった。

そこで八〇年代の中国で一世を風靡したスローガンの一つが「振興中華」でした。近代化を進めよう。外国からよいものを学ぼう。中国を素晴らしい国にしようといった意味が振興中華には込められていて、そういう意味では健全なナショナリズム、愛国主義的なものでした。ただ民主主義だけでなく、むしろ愛国だからこそ、この国を素晴らしい近代民主主義にするというわけです。

実はこの「振興中華」のスローガンは北京大学で生まれたものです。なぜ私が知っているのかといえば、このスローガンがリリースされた現場に私は居合わせていたからです。

八〇年代後半、中国の女子バレーボールが強豪国と戦い、苦戦を強いられていた。当時の学生宿舎の各フロアの活動室に備わった白黒テレビを見ながら、あの晩、みんな自分の椅子を持って集まり、夢中で応援したのです。

そして勝利すると、みんな興奮して下の広場に集まり、お祭り騒ぎになった。すると誰からともなく「振興中華！」の声が合言葉のように叫ばれ、その晩中、「振興中華」のシュプレヒコールが大学中に響き渡っていました。

ですから、「振興中華」に限っては、政府が仕掛けたものではなく、民主化運動の先頭に立っていたわれわれの世代がその源泉だったのです。つまり、われわれの民主化運動上から自然発生したのが、振興中華のスローガンで、中国人にもナショナリズムのあることが外国人にはなかなか理解できないところでしょう。

とにかく八〇年代に生まれた振興中華は、中国をよくするためのもので、排外主義の要素は一切なかった。むしろ、他の国と同じように非常に健康なナショナリズムだったと思いますね。

矢板　あのときはまだ私も中国にいてその試合を見ていました。当時、中国が世界を相手に勝てるものは二つしかなかった。一つはいま言われた女子バレーで、たしか世界で三連覇ぐらいしていました。
逆に言うと、中国は女子バレー以外はほとんど勝てるスポーツがなかった。卓球も強かったのですが、マイナーなので目立たなかった。

あと一つが囲碁の聶衛平《じょうえいへい》で、「日中スーパー囲碁」で勝ち続けていました。聶衛平が勝つと、北京大学の学生がデモをするほどの大騒ぎになりました。

中国のナショナリズムを高揚させる日本叩き

矢板　女子バレーや聶衛平の活躍と鄧小平の改革開放は、強くリンクしていると私は見ています。改革開放を始めるということは、いままで中国がつくってきたものを全否定することなのです。私たちは間違っていた、と。

共産党が建国以来三〇年間やってきたものは全部間違っていた。中国は実は貧しくて、政策も駄目で、これから日本には「どんどん資金をください。技術を教えてください」と頭を下げなければならない。

こうした絶望的な状況だと、何か国民に自信を持ってもらわないと国がもたないわけです。そこで、女子バレーと囲碁に着目して、強烈に煽った。「振興中華」というスローガンが出てきたときの民族主義は、要するに改革開放による自己否定と同時に、どこかで自信の拠り所として要請されたものです。

それがどんどん膨張していったのが、今に至る中国です。結局、スーパー囲碁の相手は日本でしたし、実は中国女子バレーが初めて世界でトップになった舞台も日本の大阪であり、破った相手も日本チームです。

なぜ大阪で勝ったのを覚えているかというと、そのときは小学校二年生か三年生で、授業で女子バレーチームの選手に手紙を書いたからです。いま思えば、鄧小平は国民にどうにか自信を持ってもらおうと必死だったのでしょうね。

石平　改革開放政策により外国から情報が入ってくると、中国という国家の〝実力〟が白日の下に晒されてしまったわけです。中国は徹底的に立ち遅れていて、一種の自信喪失状態にあった。もう、中国は何もかも駄目だと。

矢板　スーパー囲碁の相手も日本でした。中国人は日本の囲碁のプロたちをみんな知っているわけです。武宮正樹とか小林覚とか。

女子バレーも日本なのです。結局、日本をやっつけることが中国のナショナリズム高揚にいちばん効く。中国政府はそれを発見して、ずっと日本叩きをどんどん膨張させてきた。

石平　そうそう。おそらく中国共産党の反日政策の根っこがここにある。これは利用できる。利用しない手はない、と。

北京ダックに喩えられ食われる日本

矢板　こんなことを、ある中国の知識人に言われたことがあります。中国料理の北京ダックの食べ方は、まず、皮を薄く切って餅皮で包んで食べる。次に残った肉は、もやしとかと炒めて食べる。最後に残った骨でスープをつくる。

こうして北京ダックをまったく無駄なく食べ切ることを「三喫（吃）」と言うのですが、中国共産党にとっての日本は、まさに「北京ダック」のような存在だと、彼は示しました。

まず、中国共産党が政権を取ったのは日中戦争があったためでした。日中戦争により国民党が弱体化しなければ、国民党との内戦にはぜったい勝てなかったわけです。日中戦争の裏に隠れてどんどん大きくなって、日本が大陸に入ってきたときに、日本を利用して勝った。それは毛沢東も認めている。

次には改革開放です。文革が終わって、資金も技術も経済も日本に来て松下幸之助などに頭を下げて回った。日本の企業が中国に投資して、そこから中国の経済成長はスタートしたわけです。

最後に中国が日本を超えるために、徹底した愛国反日教育を行って、国民を束ねた。そうやって、日本を完全に利用し切っているような状況ですね。いまもそれが続いています。

石平　中国にとって日本はもう食べ終わろうとする存在なのでしょう。そのことが日本の問題です。

習近平の反日政策のためにシェアを伸ばせない日本車

矢板　中国国内で売れた自動車（新車）は二九〇〇万台。アメリカでさえ一七〇〇万台ですから、中国は世界でダントツのマーケットなのです。

もともと中国人は日本車が大好きです。理由は故障しにくく、燃費が安い。ボディがコンパクトで取り回しが楽で、駐車がしやすいからです。同じ中国文化圏の台湾での日本車のシェアは六割から七割もあるのに、中国では一七％程度に留まっています。

これは習近平の反日政策と強く関係しています。日本車を持っていると、反日デモや反日キャンペーンのときに攻撃の対象になるので、日本車は買わないという人が多いわけです。

中国政府が普通にやっていれば、日本車のシェアは必ず伸びるはずです。日本車メーカーは非常に不当な扱いを受けているのに加え、中国政府はあまり日本車のシェアを伸ばしたくないという思惑があります。

思惑といえば、中国は自国には自動車技術がないから、世界最大のマーケットを利用して、何とか外交で有利に持っていこうとしているようです。

中国経済においては大きな金になる不動産、エネルギー、鉄鋼などは必ず太子党や解放軍などが既得権益者として牛耳っているわけです。要はそうした分野については、利権構造のなかにあって、ほとんど利益が出ない。

他方、政府がタッチしない分野、たとえばITやAIや電子マネーなどについてはかなり競争力を持っています。

石平　Eコマースの状況を見ていると、ALIPAY（アリペイ）やWeChat（微信）がかなり浸透しています。ただそれは逆の見方をすれば、自分の情報が全部中央に筒抜けになって、取り込まれているわけです。情報漏れの観点から言ったら、自分にとって不利なのだけれど、そのあたりはもう諦めているのだろう。

矢板　諦めている部分もある。また、いろいろなソフトを使って、いわゆる中国の壁を越えてFacebookやTwitterをやっている人が知識人のなかには結構います。

国内の連絡はどうしてもWeChatなどを使わざるをえないのですが、やはり不信感があるわけです。ALIPAYにしても何にしても、中国人の人民元に対する不信感が強い。だから、仮想通貨を一生懸命にマイニングしている。

そういう意味で、諦めざるを得ない部分と、何とかしなければいけないと自助努力している部分が混在している。それが現状だと思います。

第六章

王岐山を支配下においた習近平が狙うのは太子党

全人代で外国人記者として質問する中国人

石平　ここまで矢板さんと文化大革命、毛沢東《もうたくとう》時代の体験、鄧小平《とうしょうへい》の改革開放などについて語り合ってきました。しかし、二〇一七年一〇月の中国共産党第一九回党大会から二〇一八年三月の全国人民代表大会（全人代）までの動きを見ると、習近平《しゅうきんぺい》が国家主席の任期を撤廃するなど、中国が再びわれわれが体験したあの暗黒時代に戻る可能性が強まったのではないかと、非常に懸念しております。

矢板　今回の全人代の取材のため、私はビザを早めに申請したのですが、出なかった。他社にはビザが出て北京入りしているのに私には返事が来なかった。それで三月四日にもう一度申請をしたら、三月六日になって時間切れと言われました。

時間切れといっても中国側が出さなかったのですが、結局、「もし、どうしても行きたいのなら、再申請してください」と言われた。でも、どうせ出ないのだし、同僚記者も同じ扱いを受けては困るので、再申請することを断念しました。

今回の全人代の中継を見ていると、外国人記者と称する記者たちがほとんど中国人であることがわかりました。最近インターネットでも非常に話題になった中国系の全米テレビ（全美電視台）など、立ち上げた当時のFacebookでは一〇〇人のファンしかいない状況で、視聴者はほとんどいなかったテレビ局です。

その全米テレビの記者五人は中国人、あるいは元中国人なのですが、その五人全員に全人代を取材できる記者証が出た。要するに外国人記者と称して、全人代で中国の指導部を持ち上げる八百長要員が増えているのです。

今回質問したのは張慧君という女性で、五年前の全人代では中国外務省傘下の外交専門誌「世界知識」の記者として質問しています。つまり、もろ当局の人間です。

それがなぜか今回はアメリカの全米テレビの記者になっていた。ただ、つい調子に乗って馬脚を現した。質問するときに、「わが国は」と言ってしまったのです（笑）。それを見て、本当に茶番だなと思ったわけです。

中国を厳しく批判する外国人の記者のビザの数を絞って、記者証を出さないようにする。その一方、外国人記者は数字上たくさんいたほうが格好がつきます。今回の全人代に国外記者がこんなに来たと発表するために、元中国人やメディアといえないメディアにどんどんビザを出し、ヨイショする質問をさせる。とうとうここまで落ちたかと、感じざるをえませんでした。

茶番でしかなかった憲法改正

石平　あの全米テレビは何の実態もないでしょう。オフィスは一平メートルしかないとか、他の事務所に電話を置いているだけという話を聞いています。

それで今回も産経新聞は記者会見から締め出されたのですか？

矢板　当然、今回も出ていないです。私も北京に一〇年いて、首相と外相などの記者会見に毎回出て、毎回手を挙げるのですが、通算数百回はトライしたのですが、一度も指されたことはありません。

というのは、すべて事前に誰が質問するのかを当局が手配しているからです。あたかも、突然呼び出すような感じで指名する。たとえば、「前から三列目の左から二人目の誰々、ああ、あなたです」とか言う。

実は事前に記者全員に質問を出させて、当局から「あなたが質問しなさい」と決めておくのです。それでも時々、面白いことが起きる。質問者を呼び出す人は事前にメモを用意しています。

「前から三列目の左から二人目の黒い服を着た人」と言ったら、その人が暑くて上着を脱いでいた（笑）。みんなが見ているなか、マイクを持っていくでしょう。黒い服と言っているのに、真っ白なYシャツを着ている人のところへ、マイクが行ったりすることもあるわけです。本当にヤラセしかない。

石平　五年前の、前回の全人代には矢板さんは出席していますよね。私の記憶では、少なくとも五年前、胡錦濤《こきんとう》政権から習近平政権に替わったときには、何か討論をするとか、ハプニング的な意見が出るとか、形的には全人代の雰囲気があったと記憶しています。

矢板　今年はもう完全に茶番です。外国人記者の話もそうですし、あとはもう一つ、憲法改正についても茶番劇でした。

どうしてかというと、憲法を審議するまえに軍が支持を表明したからです。

三月五日の全人代開幕の一〇日まえの二月二十五日に憲法の全文を公表していたのですが、それを受けて各地の解放軍、たとえば重慶《じゅうけい》の何とか部隊というように部隊別に、「この憲法改革案を支持する」との声明が出された。

憲法について審議するまえに軍が支持を表明すれば、恫喝《どうかつ》以外の何ものでもない。これでは反対できないではないか。

それからもう一つ、憲法改正は三月十一日に可決されました。可決されて二〇分後に、北京の中心部の王府井《おうふせい》の新華書店にこの新しい憲法が並べられたのです。

こんなバカな話はない。どこを直されるかわからない、可決されるかどうかわからないものを普通事前に印刷するなんて恐くてできませんよ。はなっから、漢字一文字も直さずに可決することが確定していたとしか考えられないわけです。

政府にモノ言う地方代表はすべて外されていた全人代

石平　今回の憲法改正のプロセスを見ていると、習近平による軍事クーデターに近い内容です。本来、憲法改正を党の会議として討論したのは一月十九日の二中全会でした。しかし、二中全会終了後、この改正案は出されなかった。ということは、意見統一ができなかったと私はみています。結論が出せなかった。

ところが、二月二十五日に突然、改正案が公表された。しかも中国共産党中央委員会の名義でね。前代未聞なのは、翌日の二十六日に中国共産党中央委員会の全体会議が開かれるのに、その前日に中央委員会の名義で憲法改正案が出されたことです。中央委員会に憲法改正案を押し付けただけの話なのです。

しかも矢板さんが言ったように、三中全会開催中にあちこちの解放軍、武装警察が憲法改正案に賛成を表明した。習近平は軍の力で、党を押さえつけた。中央委員会に対して脅しをかけたわけです。

さらに、三月五日に全人代が開催されると、軍の力、党の力で全人代を押さえつけた。

まったく有無を言わせず強制的に改正案を支持させた。ただし当時、私が多少期待したのは、そもそもそういう期待を抱いたことが間違いだったかもしれませんが、全人代でせめて一部の代表が反旗を翻《ひるがえ》すのではないかと思っていたのです。

矢板　今年一月、二月における全人代の地方の代表選出では、普段テレビなどのメディアで政府に若干批判的、厳しい意見を言う学者、あるいは共産党幹部は全員外されているわけです。

たとえば王全傑《おうぜんけつ》。彼はいつも全人代では、共産党幹部の財産公開をせよと発言している人です。そういう人が一人、二人はいたわけです。逆にそういう人たちがいることによって、中国の国会でまがりなりにも議論になるのですが、そういう人たちが全員いなくなっていました。

憲法改正に対する反対票に動揺した習近平

矢板　それから指摘したいのは、今回の全人代における各代表の憲法改正に対する投票結果は、「二票反対」「三票棄権」と実質五票の反対票が出たことです。習近平の表情を見ていると、かなり動揺していた。掲示板に「二票反対」「三票棄権」と出たところを、中国のテレビは映しませんでしたが、この様子を外国人記者たちは見ていて、会場で写真も撮っています。しかし、この五票の反対について、一般の中国人は知らないはずです。この五票の反対票に狼狽した共産党上層部は、すぐさま犯人探しを始めています。

どうも一人は上海周辺の大学の元副学長が、反対票を投じたのではないかとの話が漏れ伝わってきましたが、すぐに判明します。というのも、出席者の頭上には全部ビデオカメラがついていますし、投票用紙に書き込むときにわかってしまうからです。

結局、それから六日後の三月十七日、習近平の国家主席就任に関する投票は全会一致でした。反対票を投じると思われる人たちは出席させてもらえなかった。

総票数は増えていたのです。理由は三月十一日に香港で香港立法会の補欠選挙があって、香港代表の十数名が選挙の応援に行ったため、その日の憲法改正の投票に参加していない。彼らが戻って今回は投票に参加しています。

それをふまえて計算してみると、六人が欠席していることがわかりました。おそらく憲法改正に反対票を入れた人たちでしょう。今後彼らは非常に悲惨な運命を辿るかもしれないですね。

今回の投票でもう一つ面白いことがありました。

習近平の国家主席就任に関する投票は全会一致でした。その次の王岐山《おうきざん》の国家副主席就任には一票の反対票が出たのです。これは王岐山本人が入れたといわれています。

習近平と並んではいけない。自分はあくまでも習近平の部下である。同じ全会一致だと、習近平が格好悪く見えるではないか。

自分が立候補しているのに、自分で反対票を入れるのはまた、いかにも中国らしい忖度《そんたく》文化なのでしょう。

王岐山の国家副主席昇格の舞台裏

石平　王岐山は自分の立場を理解しています。というのは、習近平政権時代の第一期目、陰の実力者は王岐山でした。中央規律委員会の書記で、党幹部がいちばん恐れているのは習近平よりも王岐山だった。

しかし、ここがよくわからないところなのですが、なぜ王岐山は昨年（二〇一七年）の党大会でまずは政治局常務委員会から降りて、今年の全人代で国家副主席に昇格したのか。どうせ副主席に収まるならば、別に政治局常務委員を辞めなくてもよかったのではないかと思うのですが。

矢板　王岐山については相当取材をしました。習近平は一生懸命、王岐山を党の役職、最高指導部のメンバーに残そうとしたのですが、ご承知のとおり、中国共産党の六八歳定年というルールがあるため、阻まれた。王岐山は昨秋六九歳ですから。王岐山がここで続投すれば、今年六五歳の習近平も、五年後も続投できる道筋がつくわけです。けれども、党大会ではそれは実現できなかった。

共産党は通例、秋の党大会の議題を八月の北戴河《ほくたいが》会議で議論します。北戴河会議とは中国共産党内の現、元最高幹部らが一堂に集まり、重要人事や政策について話し合う非公式な会合で、毎年七月末から八月初めにかけて、河北《かほく》省のリゾート地・北戴河で開催されます。

この会議は避暑と休養を兼ねているわけですが、引退した元指導者にも発言権と議決権が与えられるのが大きな特徴で、「権力闘争の天王山」といわれています。

ここに集まる長老たちはみんな六八歳で最高指導部・政治局常務委員会を辞めている。たとえば、近年引退した大物には李瑞環《りずいかん》や曽慶紅《そうけいこう》などがいます。

それなのに、「なぜ王岐山は辞めないのだ」と長老たちが北戴河で声を上げたため、習近平は失敗したのです。

一方、全人代は、党大会後にまず一中総会、二中総会で話し合う段取りです。むろん、うるさい長老はいない。長老がいないと習近平は自分の意志を押し通せるというのが一つ。

もう一つは、王岐山本人が当初は迷っていたという話があります。政治局常務委員を辞めたいと思っていた。反腐敗の汚れ仕事を全部やらされて恨みを買うのは王岐山ですから。

ところが、党大会が終わってから、王岐山の親族が経営している海南航空（海航集団）が巨額の債務を抱えていることが発覚、一挙にスキャンダルになり、王岐山も巻き込まれてしまいます。恨みを多く買っている王岐山は大ピンチに立たされた。

そこで王岐山は習近平に頭を下げるわけです。習近平は「それでは国家副主席になってくれ」という段取りになり、弱みを握られた王岐山は習近平に忠誠を誓うほかはなかった。ただ、海南航空の事件を仕組んだのは習近平ではないかとも言われている。習近平はさまざまな裏技を使って、権力掌握を進めています。

習近平の側近や子飼いの部下は使えない奴ばかり

石平　なるほど、習近平は王岐山をどうしても国家副主席にしたかった。矢板さんはその背景についてどう見ますか。

矢板　習近平は側近や子飼いの部下を多く要職に就けているのですが、みんな能力のない奴ばかりです。その筆頭が北京市長の蔡奇《さいき》ですね。

要するに、イエスマンしかやったことがないわけです。鞄持ちを一生懸命やって上がってきた連中ばかりなので、全然使えない。

また、習近平は他人を信用できない性格です。そういう意味で、王岐山は非常に高い能力の持ち主。党内における影響力も大きく、手足のように使いやすい。

王岐山には子供がいないというのも、重要です。中国の文化には、日本人も教科書で習っている宦官《かんがん》のように、息子のいない人間を引き上げるという伝統があります。やはり息子がいると、権力を手にして息子に渡そうとするわけです。たとえ親族同士であっても、子供ができると権力を得ようとする。その点、息子がいないと一生懸命ボスに忠誠を尽くすわけです。したがって、習近平にとり王岐山は使いやすいうえに、子供もいないので、忠誠を尽くしてくれることになる。

台湾の蔣経国《しょうけいこく》総統が李登輝《りとうき》を後継者にしたのは、李登輝の長男が癌で亡くなって息子がいないことが理由の一つと言われているのです。


石平　私が見るところ、王岐山は習近平にとって、コインの裏表のような存在なのです。一つは矢板さんが言ったように、結局、習近平自身が無能ですから、外交も経済も内政も、すべて王岐山を頼りにしなければならない。

しかし、習近平もどこかで王岐山を恐れている面がある。習近平よりも年上だし、党内の人望、実力は習近平以上です。

だから昨年の党大会において、王岐山を政治部常務委員会から追い出した。追い出してからまた国家副主席として拾う。党から追い出したことで、王岐山の権力基盤は弱まった。

習近平に対抗できなくなるような状況にしておいて、副主席として使うという肚だったのではないか。

王岐山最大のアキレス腱とは何か

矢板　いまの中国は「習王時代、習近平・王岐山の時代」と言われています。ところが、王岐山には最大のアキレス腱があります。

彼は国家副主席であり、共産党の幹部ではなくなったわけです。党内では一切役職を持っていないということは、共産党の中央総会、政治局会議、政治部常務会議に参加する資格がありません。

したがって、情報が入ってこない。それから、議決権がない、発言権がない。すなわち、王岐山の生殺与奪は習近平が握ることになる。習近平が王岐山に権力を与えるのも奪うのも自在なのです。

具体的にいうと、政治局拡大会議がそうです。最近二回ほど政治局会議に王岐山が参加していますが、政治局会議に政治局でないメンバーが一人でも入れば、「政治局拡大会議」になる。つまり、拡大会議を行うことによって、王岐山の活躍の場を拡大するという発想なのです。そして拡大会議を開くかどうかを決めるのは習近平ですから、王岐山はいつでも追い出せるわけです。

そういう意味では、王岐山は習近平に忠誠を誓う以外に選択肢がない。政治局のなかで多数派工作にも参加できない。いま習王関係はそういう非常に複雑な状況にあります。結果としては、習近平にとって非常に理想的な展開になったといえるかもしれない。

石平 そうですね。王岐山は党内の脅威としては消えてしまう。しかし、有能な人材としては使える。おそらく、習近平は対米外交に王岐山を使いたいのだと私は考えています。

悪化の一途を辿る習近平と太子党の関係

矢板 習近平が太子党の代表だと勘違いしている人が案外多い。正確には習近平は「元太子党」なのですね。中国建国に貢献した革命第一世代の子弟たちで形成する太子党とは、巨大な利権ネットワークといえます。

中央で頭角をあらわしてきた当初、習近平は別に太子党のなかの大物ではなかった。鄧小平や葉剣英《ようけんえい》や王震《おうしん》などすごい大物の子弟がいっぱいいるわけです。そして、彼らはみな習近平より先輩です。

習近平はこの利権ネットワークを守ってくれる太子党の代表として押し出された。当初、習近平は太子党の力を借りるわけです。でも、先輩がいっぱいいるから、いろいろと指示が飛んでくるので、疲れてきた。

だから次第に自分の元部下ばかりを要職に抜擢するようになり、太子党とは距離を置くようになっていった。それで「裏切り者」だと、習近平と関係が悪化した人がいっぱいいた。

それで最近、習近平は太子党に対して手を出し始めた。薄熙来《はくきらい》を粛清したのは胡錦濤でした。胡錦濤の最後の仕事が薄熙来を葬り去ることだった。

太子党の薄熙来が粛清されたとき、太子党は危機感を感じて、「薄熙来がやられた。俺たちの代表としてやはり習近平が欲しい」という思いがあった。ところがその後、習近平がだんだん自分が力を持つようになると、太子党との関係がさらに悪化してしまったのです。

最近で代表的な例は、今年二月に安邦保険集団会長の呉小暉《ごしょうき》を詐欺罪で逮捕したことです。呉小暉はあの鄧小平の孫娘の夫。これで習近平と太子党の関係は一段と悪化したのは確実でしょう。

しかしながら、太子党はまだまだ幅を利《き》かせているのも事実で、曽慶紅や胡錦濤や江沢民の息子たちはかなりの影響力を持っています。

太子党の連中のなかで、太子党という呼び方は利権と特権階級のイメージがあるから、自ら使いたくない人がいます。そうした連中は自らを「紅二代《こうにだい》」と呼んでいるのです。紅二代とは、「自分たちの親は革命に参加した」という中国語のニュアンスがあるので、イメージがよいわけです。だから、産経新聞は絶対に紅二代を使いません。逆に朝日新聞は太子党を使わずに、紅二代を使いたがる。

第七章

強権政治の裏にある指導者たちの不安

トランプに見限られた習近平

石平　南北会談、金正恩《キムジョンウン》の中国電撃訪問、そして米朝会談かとめまぐるしい動きを見せる外交問題について論じ合っていきたい。矢板さんはどう分析しますか？

矢板　いま、世界の外交には主役が三人います。まずはトランプです。彼はあまり頭がよくないけれど、非常にセンスに優れています。次は金正恩で、実は彼はなかなか頭がよいが、センスは悪い。

三人目の習近平《しゅうきんぺい》は、頭が悪くてセンスも悪いけれども、運はよいのです。どこか悪運が強くて、危ない局面になると、必ず何かよいことが起こるわけです。

石平　トランプ政権ができた当時、二〇一七年一月前後は、トランプは習近平と徹底的に対峙する構えでした。台湾の蔡英文《さいえいぶん》総統にまで電話し、中国に圧力をかけてきていた。

しかし習近平にとって運が良かったのは、昨年の春先、金正恩がいろいろとおかしな行動に出たことでした。兄貴の金正男《キムジョンナム》を暗殺したり、核・ミサイル実験をしたり、トランプを挑発したりで、やりたい放題でした。

トランプは北朝鮮問題に対処するために習近平に協力を求めざるをえなかった。昨年一年間で、トランプはさまざまな場面で、習近平を「信頼」とか、「期待」という言葉を何度も使用して持ち上げていた。

私は昨年の習近平外交のいちばんの大失敗は、北朝鮮問題でいかなる主導的な役割を果たすことができなかったことだと思います。ほとんど何もできなかった。国連の制裁決議に対して部分的に従う程度にすぎなかった。

金正恩は習近平の面子《めんつ》に泥をぬるようなことばかりした。それにもかかわらず、特段中国が北朝鮮に圧力を行使した痕跡もない。おそらくトランプはこの一年間で習近平に完全に失望したのではないか。こいつは全然役に立たない口先ばかりだなと、見限った。

習近平は外交に関しては綺麗事ばかりで、実際には何も動かない。結果的に韓国の平昌《ピョンチャン》オリンピックを契機に、南北対話のお膳立てもあり、トランプは金正恩と直接対話をするという道に行こうとしているわけです。

台湾旅行法案の成立と米中関係

石平　米朝首脳の直接対話の裏側には、中国排除の意図がある。金正恩としては、直接アメリカと対話することで中国の影響力を排除したい。トランプも北朝鮮と直接対話すれば、もう口先だけの習近平に肩透かしを食らうことはなくなる。

そうなると、三月十六日に成立した「台湾旅行法案」の重要性が増します。同法は、アメリカと台湾の閣僚や政府高官の相互訪問の活発化を認めるものだからです。一九七九年の米台断交と台湾関係法の成立後、アメリカと台湾は高官の相互訪問を自主的に制限してきましたが、台湾旅行法の成立で、トランプ大統領の訪台や蔡英文総統のワシントン訪問が可能になりました。

このニュースは非常に重大な意味を持つのです。台湾旅行法が成立した途端、アメリカ政府関係者が蔡英文総統に会いに訪台しています。これでトランプの矛先は再び中国に向けられたことになる。

加えて、アメリカは知的財産の侵害などを理由に中国製品の約一三〇〇項目、総額五〇〇億ドル分にあたり、二五％の関税率を上乗せする案を発表しています。

中朝は仲が悪くても目に見えない〝絆〟がある

矢板 たしかに南北対話、米朝会談が実現することで、中国を入れての六ヵ国協議がないがしろにされてしまったという側面はあります。ただ結果的に、北朝鮮の緊張緩和は中国の国益にとっても悪くないのです。

逆に日本からすると、頭越しで米朝が交渉して、日本は「蚊帳《かや》の外」にある。非常に微妙な立場です。安倍首相は慌ててトランプに会いにいったり、急に日朝対話を試みたりせざるをえなくなった。

金正恩政権になってから中朝関係は明らかに悪化していたわけですが、それでも目に見えない〝絆〟があるのです。これは私がずっと言っていることですが、中国と北朝鮮というのは〝親子関係〟です、世の中には仲の悪い親子はいっぱいいて、口もきかないし、殴り合いの喧嘩をする親子もある。けれども、やはり親子は親子で他人には見えない絆もあることを忘れてはいけないと思うのです。

そういう意味で、北朝鮮は重要なところで中国とつながっていると見たほうがいいと思います。だからこそ、三月二十五〜二十八日の金正恩の電撃訪中のようなことが起るのです。

もう一点、トランプ政権は対外的にさまざまなアクションを起こしはしても、基本的には非常に内向きな政権です。アメリカ国内、アメリカ経済を最優先する政権であって、たとえこれから南シナ海、台湾問題、朝鮮半島問題などが一触即発の事態になったとしても、本当にアメリカが外に飛び出して中国と全面対峙するのか疑問です。あるいは習近平とまたどこかでディールしてしまう危険性もあるわけです。米中関係は非常に流動的だと思っています。

米中間で台湾と北朝鮮を〝交換〟するというディール

矢板　もう一つ注意しなければならないのは、習近平政権が台湾独立を非常に警戒していて、台湾海域における軍事的プレゼンスを示すようになっていることです。潜水艦や飛行機を出したり、軍事的なプレッシャーを台湾にかけているわけです。

そんななか、米中間で台湾と北朝鮮を〝交換〟するのではないかと、懸念されています。北朝鮮の核兵器と大陸間弾道ミサイル（ＩＣＢＭ）はアメリカにとって脅威だから止めさせるかわりに、中国が台湾に軍事行動を起こすときにはアメリカは手を出さないようにしてくれ。そうしたディールを実は習近平政権は考えているのではないか。そんな心配をする識者もいます。

石平　これまではそういう可能性はたしかにあったかもしれません。北朝鮮問題を習近平が片付けてくれて、そのかわりにアメリカが台湾問題で中国に譲歩する。しかし、おそらく今後はその線は消えてしまうでしょう。

前述したように、昨年一年かけても、北朝鮮の核を中国の手で、中国の影響力で取り除くことができなかった。そうなると、アメリカにとっては中国とディールする意味は何もない。そもそも中国の手にそういうカードの持ち合わせがなかった。

信用できないトランプ政権

矢板　この議論のポイントは、今回の南北会談で中国が果たした役割をどこまで評価するかによってわかれます。見方によっては、これまで中国はまったく北朝鮮に制裁をしなかったのだけれども、少し制裁するようになった。少し制裁をするようになって、北朝鮮は苦しくなった。たしかに昨年から日本に漂着する北朝鮮籍の漁船が急増しました。

したがって、北朝鮮は経済がまずくなってきたから、今回のアメリカとの交渉に応じた。それは中国の圧力だとトランプはTwitterで呟いています。もしそのロジックが成立したとすれば、中国が北朝鮮に対する制裁を緩めれば、ふたたび北朝鮮が強硬になってアメリカに応じなくなる可能性がある。その辺の評価がわかれるところではあります。

石平　しかし、いったん米朝が直接対話で問題解決の方向にいくなら、アメリカは北朝鮮問題でそれほど中国を頼りにしなくてすむ。

そうなると、必然的に米中間で台湾と北朝鮮を〝交換〟するというディールの可能性は薄くなる。矢板さんは米中関係をどう見ますか。

矢板　私はいま一つトランプ政権が信用できません。トランプ政権は大統領に当選直後、蔡英文に電話をした。これは大きな一歩前進だと思ったら、その後、大きく後退した。

結局、台湾を中国とのディールの材料に使ってしまっている面は否めない。日本にとって大きいのは、三月十四日の韓国政府の南北会談についての発表も、事前に日本への相談がまったくなかったことです。

結局、アメリカは自分の国益しか考えていなくて、かなり内向きな政権で、しかも場当たり的です。台湾旅行法とか米中貿易戦争が始まったと言われているのですが、それが理念に沿ってのことなのか、それともアメリカの利益、経済効果、あるいはディールの材料として使っているのか、まだちょっと読めません。

日本はこれまで日米安保を何よりも優先してきたのに、結局、アメリカは事前に相談さえしなかった。

しかし逆に言えば、日本にとっては、本当に独立する一つのチャンスではないかというのが私の意見です。これからはアメリカに期待せず、日本は自分で憲法改正を本当に考えなければならない。もし米朝協議で北朝鮮が実質核保有国になった場合も想定して、日本も国内で核武装の是非まで含めた議論を本格的にやらなければなりません。

国際政治があまりにも複雑怪奇な状況のなかで、日本は他力本願ではなくて、いい加減自分で考える潮時でしょう。要は習近平もトランプも金正恩も信用できない相手ばかりなのですから。

プーチンと習近平に対する態度で格差をつけているトランプ

石平　しかし、私から見れば、トランプに確固たる理念があるかどうかは別にして、アメリカがトランプ政権の間に貿易問題、台湾問題において対中国で徐々に強硬になっていくのは確実かと考えます。

　それはいまのトランプ政権の人事を見てもわかる。ほとんど対中強硬派で固まっているわけですから。

　もう一つ面白い現象があって、私はTwitterでも呟いたのですが、三月十七日、習近平の国家主席再任が決まったとき、トランプは祝電を打たなかった。

　というのも、昨年の党大会で、習近平が共産党総書記に再任されたときにはトランプは祝いの電話をかけているからです。しかし、これは本来おかしい。

　習近平が再任したのはあくまで共産党の総書記であって、アメリカの大統領が立場上祝福する必要はない。

　それでもトランプは電話をかけた。しかし本来アメリカ大統領が外交の儀礼上祝うのであれば、習近平が国家主席に再任した全人代のときです。

　現に、プーチンは当日のうちに祝電を打っています。しかしトランプは一切祝電を打っていない。電話をかけもしない。明らかに習近平に対してわざと冷たい姿勢をとっている。しかも、習近平が再選された翌日、トランプはロシア大統領に選出されたプーチンには電話で祝意を述べています。

明らかにトランプはプーチンと習近平に対する態度で格差をつけているわけです。

そうした一連のトランプ政権の姿勢から見ると、もし米朝が直接対話するようになれば、今後、アメリカは対中関係においてさまざまな場面で対抗していく路線に転じるはずです。それに習近平政権がどう対処するのか。まずこれが一つの大きな外交の問題です。

もう一つは、ここは矢板さんと徹底的に討論したいと思いますが、中国の内政問題です。習近平は一期目の五年間で強大な権力を獲得して、あたかも皇帝における専制政治的な色彩を帯びてきていますが、習近平の野望は何か、意見を交わしてみたい。

もう一つのテーマは、権力闘争です。私は正直意外だったのですが、わずか五、六年間で共産党の幹部連中が心から思っているかは別として、習近平は鄧小平《とうしょうへい》も江沢民《こうたくみん》も胡錦濤《こきんとう》も超えたような権力を持つ独裁者に至った。この背後にはどういう政治的メカニズムが働いたのか。この二点について話し合ってみたい。

いまだに権力集中を達成できていない習近平

矢板　習近平は独裁者になりたい。独裁者になるためにかなり無理をしている、というのが実態だと思います。ただし私は決して習近平に権力が集中したとは思っていません。

というのは簡単な話、独裁者とはどこの会社でも組織でも、たとえば社長になって一年ぐらい、せいぜい一年半から二年ぐらいで権力集中を達成します。たいていは自分の使いやすい人を配置して、その後、やりたいことをやるわけです。

ところが、習近平はこの五年半、権力集中にしか動いていない。これはおかしいでしょう。本当に独裁者であれば、権力集中はとっくに終わっているはずなのです。いまだに政敵を粛清している。

金正恩が北朝鮮で権力を集中したという報道など新聞は絶対にしないでしょう。なぜなら、もう集中してしまっているから。それなのに、習近平はまだ一生懸命権力集中に勤しんでいる。

これはすべて彼の自信のなさの裏返しと見ることができます。現に今回の全人代でも自分の国家主席再任に反対している人間を欠席させてまで、全会一致の結果を出さなければなりませんでした。よほど彼は不安なのだと思う。本当に〝健全な〟独裁者であれば、多少の反対票をわざと出すような余裕があるはずです。

袁世凱に共通する習近平の強権政治

矢板　習近平の一連のやり方をみていると、いまから一〇〇年前に中国の指導者だった袁《えん》世凱《せいがい》を思い出します。袁世凱はどうしても皇帝になりたいと思っていた。そこで、孫文《そんぶん》から総統という地位を譲り受けた袁世凱が何をやったかというと、いろいろな陳情団を仕立てたのです。

「ぜひ中国は皇帝が必要だ。やはり袁世凱様には皇帝になってもらうしかない」と触れまわる陳情団を各地につくり、それらが北京にやってくるわけです。

そのなかでいちばん面白かったのは、売春婦の陳情団があったことでした。すべてヤラセで、袁世凱はそうしたヤラセの陳情を受けて、これは民意だと知らしめたのですね。

一九一五年の年末、当時は参政院と呼ばれた国会において全会一致だったため、「大統領になってもらうしかない」ということで、袁世凱は念願の皇帝になった。

ところが、しょせんこれは強権政治のもとでつくられた民意でしかない。実はその直後にまず大学生のデモが始まり、そのあと軍閥が各地で「帝政反対」と立ち上がったため、皇帝になった袁世凱はたった八三日間、約三ヵ月弱しか持たなかった。

いまの中国はそれに近いところがかなりあるわけです。強権政治によってつくられた民意は、袁世凱のときも、いまの習近平も同じです。部下たちはみんなサラリーマンですから、「反対したら給料を半分にする」と言われたら、当然、「賛成します」となる。

そういう世の中で、民衆の政権に対する不満がどんどん高まってきているというのが現状なのです。

古今東西の独裁者は例外なく、みんな突然死します。昨年のジンバブエのムガベも、あれだけ強権を誇っていて、国会は全部がムガベの子分しか見えないほどだったのに、ある日突然、国がおかしくなって失脚した。

南アフリカのズマ大統領も突然、政権を失った。いずれも独裁者とはいえない強権的指導者ではありましたが。

中国においても国民は無論のこと共産党幹部内にも不満は充満しています。ただ、きっかけが欲しいわけです。そのきっかけをずっと彼らは一生懸命探している。

けれども、まえに述べたように、習近平は頭も悪いし、センスも悪いのだけれども、運だけはよい。危機的な状況になると必ず何か事件が起きて、注意が他に移ったりして、今日まで無事に過ごしている。しかしながら、習近平は民心、民意を少しずつ失っているわけです。

鄧小平がつくった集団指導体制を反故にした習近平

石平　矢板さんは肝要なところを指摘された。習近平は強権により民意を消しています。インターネットでは五毛党《ごもうとう》（一件当たり五毛〔約六円〕の報酬で、中国政府に有利な発言をインターネット上に書き込む体制側の「世論誘導役」。「ネット・コメンテーター」とも呼ばれ、約三〇万人いるとみられている）を使って、反対意見を消している。民意を強引に消して、反発の声が上がらなければ、習近平は自分は人民から支持されているのだという錯覚に陥っています。

文革が発動されたとき林彪《りんぴょう》が演説で毛沢東《もうたくとう》をこれでもかと持ち上げたのが「四つの偉大」という言葉でした。「偉大な導師」、「偉大な領袖」、「偉大な統帥」、「偉大な舵手」。いまの習近平も全人代後、メディアから「人民の領袖」とまで称揚され、もう笑い話のレベルに入ってきました。

毛沢東の場合は、たしかにカリスマ性があった。毛沢東にはそれなりの実績はあったからです。そういう意味では、矢板さんが言われるように、習近平はそうとう無理をしている。それに、実績がない彼の権威に心から服従する者は少ないでしょう。

鄧小平時代以来、毛沢東の独裁政治に対する反省から、中国共産党のなかでのコンセンサス、あるいはルールをつくってきました。そのうちの一つが集団的指導体制で、いわゆる「チャイナ・セブン」による多数決で方針を決めてきた。

もちろん江沢民と胡錦濤の集団的指導体制の形は若干異なってはいたものの、一応は重要な案件についてはルールに従ってきた。

だが、いまの習近平はそれを完全に反故《ほご》にした。今回の全人代終了後、政治局員全員が習近平に対して業務報告をしなければならなくなった。君主と家来のような関係で、こんなことは前代未聞です。

鄧小平時代につくられたいちばんよいルールは、最高指導者は基本的に二期一〇年で、次世代にバトンを渡すというものでした。江沢民は軍事委員会主席に固執したので一三年でしたが、胡錦濤はルールどおり一〇年で引退して、次の指導者にバトンタッチをした。

スムーズな権力交代を促す方式は二つある。一つは民主主義に則ったアメリカのシステムです。大統領がどんなにすごい人でも、二期までしか務められない。憲法で二期八年と定められているからです。そして次期大統領は選挙で選ばれます。

もう一つは、昔の王朝時代の方式です。皇帝が死ねば、息子があとを継ぐわけだから、息子たちの間で宮廷闘争がある。この二つが永続性を持つ権力交代の形です。

北朝鮮の権力交代は後者です。中国共産党は毛沢東の息子が死んだため、それはできなくなった。後継者と目された劉少奇が粛清され、林彪が粛清され、華国鋒《かこくほう》が鄧小平に粛清された。

その鄧小平は江沢民を最高指導者に指名した。次の胡錦濤は江沢民の引退により、最高指導者になった。

こうして曲がりなりにも中国共産党の独裁政治でありながら、一種の正統化ルールができていた。それなのに、習近平はこれを全部潰してしまった。ところが、党内に抵抗した痕跡が見られないのが不思議です。共青団（共産主義青年団）は本当にだらしがないと思います。

ポスト習近平で波乱含みの時代に突入した中国

矢板　共青団は若いときから基本的に上の言うことを聞くサラリーマン集団なのです。したがって、共青団には骨のある奴はあまりいない。独裁国家であり共産主義国家の最大の問題は、じつは後継者選びなのですね。中国共産党の建国以降、歴代の政治運動、激しい抗争の原因となったのはすべて後継者問題でした。六〇年代の高崗事件しかり、七〇年に入ってからの林彪事件、四人組事件……。

一九八九年の天安門事件のときにも、鄧小平がなかなか引退しないから、後継者問題で改革派の趙紫陽《ちょうしよう》と保守派の李鵬《りほう》がぶつかったわけです。結局、二人とも後継者にならずに、鄧小平が江沢民を持ってきた。

共産党政権は八九年の天安門事件までは常に後継者問題で揉めてきました。だから、鄧小平は賢いわけですよ。自分に力があるうちに完全に引退をして「俺の次は江沢民、その次は胡錦濤」と指名したのですから。

そのおかげで、中国には約三〇年間の安定が訪れた。そうしたなか、登場してきたのが習近平です。

結局、一党独裁にはルールがない。最高権力者が自分こそ法律であり、憲法であるわけです。彼はいくらでも自分の権限を増やすことができる。それによって権力はどんどん集中していく。

たまたま周りに強力なライバルがいなかった。いなかったから最高権力者になれた。けれども、いまはっきり言えることは、これから習近平の後継者問題が中国国内で連続して発生します。

習近平は何だかんだ言っても、今年の六月十五日には六五歳になるのだから、今後二〇年も三〇年も頑張れないわけで、ポスト習近平をどうするのかが遠からず問題となる。あるいはポスト習近平として浮上してきた人間が習近平をどうやって潰すか。そんな構図が毛沢東時代以来、再び描かれるわけです。

いまの中国共産党は毛沢東時代ほどの体力もなければ、国民からの支持もありません。そういう意味で、今後の中国は習近平強権時代というよりも、波乱含みの時代に突入したと私は見ています。

石平　私も同じ問題意識を持っています。習近平は自ら〝パンドラの箱〟を開けてしまった。

鄧小平は一応ルールをつくって、後継者問題という〝悪魔〟をツボのなかに入れて封じ込めた。それなのに、習近平は自分が死ぬまで権力を握りたいがためにそれを開けてしまった。

開けてしまったことで、彼は今後一〇年、二〇年で後継者問題の対処に明け暮れることになってしまった。

従来ならば、たとえば胡錦濤が一〇年政権を握れば、胡錦濤世代はみんな引退して、次の世代が権力を握ることになっていた。つまり、次の世代にとって、一〇年は一つの周期で、期待が持てるわけです。新しい政策や理念を携えて、上に上がれる。

しかし、これから中国の政治は完全に停滞する。人事を習近平が握るからで、結局、常に彼の側近、部下たちで固められる。そうなると、党内の不平不満もますます高まる。

第八章

成長なき
経済の悲劇

民衆の不満を吸収してきた経済成長

矢板　結局、いまの中国の最大の問題は経済成長がすべてだということです。会社に喩《たと》えるのがいちばんわかりやすいのですが、会社での仕事がきつい。休みが取れない。職場にパワハラもあるし、セクハラもある。

でも、給料が高ければみんな我慢するのです。一応我慢できる。それが給料が少なくなれば、「やってられない」ということになります。中国は過去三〇年間、何だかんだ言っても、七％前後の経済成長を続けてきた。

国民はみんな「明日はもっとよくなる、いま我慢すれば、明日はちょっとよくなる」と思ってきたのです。たとえばレストランを経営しているとすると、当局から無理矢理賄賂を要求されたり、あるいは潰されたり、立ち退きを迫られたりする。

でも、経済成長があれば、「もう一店つくれば、すぐに借金を返せる」という気になれます。つまり、経済成長が民衆の不満を吸収してきたわけです。

習近平が抱える大問題は後継者問題なのですが、それと同じくらいの大問題が、中国の経済成長の〝次の柱〟が見えないことなのです。

これから国際政治的にもさまざまあるでしょう。少なくともトランプ政権は基本的に現金しか認めないというような内向きです。これから本格的に米中貿易摩擦が激化してくると、中国の経済成長を支えてきた外国からの投資、海外への輸出が壊滅的な打撃を受ける可能性があります。

そうなったときに次なる経済成長の柱を見つけることが中国の最大の課題です。けれども、習近平の能力ではそれも絶望的でしょう。

習近平が毛沢東時代の政治路線に〝回帰〟する理由

石平　非常に重要な指摘だと思います。先ほど、矢板さんに投げかけた問題提起、「どうして習近平政権は五、六年で政治的な権力基盤を固められたかですが、私は腐敗摘発運動がもっとも大きな理由だと思います。

とにかく王岐山を使って、恐怖政治を行った。習近平に反抗すれば、「お前の腐敗を摘発する」と絞りにかかる。だいたい共産党の幹部で腐敗していない人間など誰もいない。習近平はそれを逆手に取って、腐敗摘発の恐怖で彼らの心胆を寒からしめたわけです。それが一つ。

もう一つは、あくまで私の仮説ですが、これほどの独裁体制が誕生した背景には、矢板さんが指摘された経済衰退があると思います。

江沢民政権と胡錦濤政権は経済成長の波に乗っかって、別にたいしたことをしなくてもなんとか回った。胡錦濤政権時代までは、普通に経済運営をしていれば、一応社会の安定、政治の安定を保てた。

しかし、習近平政権が誕生した二〇一二年あたりから、中国経済の成長力も下向きに転じた。習近平にとっての問題は、胡錦濤政権時代の一〇年間、成長率をなんとか確保するために無茶なことを数々やった。特に温家宝《おんかほう》元首相は、あとのことを考えずに、自分の首相時代に経済成長率がよければいいと、金融バブル、不動産バブルを起こした。そのツケはすべて習近平時代に回ってきている。

経済が成長しないという前提で、あるいは経済が駄目になるという前提で、どうやって共産党の政権を守るのか。おそらく習近平にとっていちばんの見本となるのが、毛沢東時代なのです。

毛沢東時代は経済が最低でした。私も身をもってそれを知っています。あれほど経済が落ち込んでいても、共産党の政権だけは強固でした。あの時代、四人組に対して不平不満を持つ人はあっても、共産党政権の正統性に対して疑問を持つ人はほとんどいなかった。

だから、習近平政権が毛沢東時代の政治路線に〝回帰〟するのは、いずれ経済が回らなくなるという前提から、独裁政治を目指したわけです。

しかしながら、いまのような独裁政治が今後五年、一〇年続くなか、果たして経済の問題に対処できるのか。どう考えても無理です。いま習近平政権が進めている政策は、いま辛うじてある経済成長の可能性をも殺している。

中国の経済状況は確実に悪化している

矢板　「中国崩壊説の崩壊」は常に言われおり、最近は「いや、いっこうに崩壊しないではないか」と崩壊論に批判的なメディアやジャーナリストも多いですが、経済状況は確実に悪くなっています。

老人がいて高血圧、糖尿病、心臓病などすべての病気を抱えている。にもかかわらず、毎日タバコを吸ったり、徹夜で麻雀を打ったり、大酒を飲んだり、体に悪いことばかりしているのが中国経済だと、私はずっと書き続けています。

病状は確実に悪化している。「でも、まだ死なないではないか」と指摘をされても、これは誰にもわかりません。

中国は巨大です。タイタニック号が座礁してから沈むまでには、ものすごく時間がかかるわけです。もう沈み始めているのに、船上でコンサートをやったり、ダンスパーティをやったりする。

以前は日本を含めて、外国からの投資があったけれど、最近はそういう話はまったく聞かれなくなりました。私が北京に駐在した二〇〇七年には日本の中小企業の経営者から、よく相談を受けました。「中国に進出したい。資金が三〇〇〇万円しかないけれど、なんとかならないか」という類に、中国はラストリゾート視されていた。みんな中国に投資すれば何とかなるという時代だったのですね、二〇〇〇年代前半は……。

ところが、それが徐々に変わり、私が帰国するまえに受けた相談は、「中国から撤退したいのだけれど、全然お金を持ち出せない。どうすればいいのか」でした。もはや誰も中国に投資する気などない。

かつては、こういう技術を持って中国に投資に行きたいという日本企業があったものですが、いろいろと痛い目に遭って、「中国に新しい技術を持っていったら、絶対に盗まれる」と警戒感が高まってしまっています。

中国の経済成長を支える柱にはなり得ない「一帯一路」

矢板　中国に投資する企業は日本に限らず、台湾、香港、アメリカ、ヨーロッパ等々、すべてにおいて減っています。海外からの投資はいままでの中国の成長を支える大きな柱だったのです。

中国の海外への輸出もそうです。たしかに中国製品はいまだに日本にも入ってきていますが、衣料品の生産拠点はベトナム、インドネシア、バングラデシュあたりにどんどん移転しています。中国経済のもう一つの柱である対外輸出は依然として大きいのですが、かなり頭打ちになっているのも、また事実です。

中国国内において、もう一つの経済成長の原動力になってきたのは公共投資です。高速鉄道など交通インフラの建設で経済成長を支えてきたのが、だいたい高速鉄道や空港の開発は一巡してしまった。

次の中国の経済成長の柱を明確に打ち出せないとき、習近平が思いついたように「一帯一路」というわけのわからない構想を発表しました。海外で交通インフラ、港湾インフラを建設することで、中国の過剰生産、過剰在庫を海外に売ろうという魂胆です。

それが単なる経済問題ならいいのですが、同時に中国は政治的影響力も拡大しようとしています。結局、現地でのトラブルが絶えず、工期が遅れ、ほとんどが不良債権化している。

スリランカやモルディブやパキスタンなどでは、港湾プロジェクトは竣工したものの、ビジネス的にはさっぱり駄目で、融資先である中国主導のアジアインフラ投資銀行に返済できない。

すると、中国がその港を押さえてしまう。結局、軍事的な覇権を拡大しようとして、国際社会から総スカンを食っています。

今後こういう手口でいつまで続くのかと考えると、これはとても中国の経済成長を支える柱にはなり得ないわけです。それでは中国の経済成長の柱は何なのか。

幻となった李克強首相のリコノミクス

石平　二〇一〇年までは中国の対外輸出の伸び率は平均二五％程度と順調でした。ところが、二〇一六年は初めて前年を下回った。昨年は多少回復したとはいえ、八％台でした。

一九九〇年代に中国の輸出があれほど伸びて、経済成長を支えてきた最大の理由は、実に簡単な話です。労働力のコストが圧倒的に安かったからです。

しかしインフレが始まると労働力コストはもう安くはない。それでメイドイン・チャイナはベトナム、インドネシア、ミャンマーなどとの、競争に敗れるようになってきました。

戦後、高度経済成長を遂げた日本は、安かろう悪かろうの製品を輸出して稼ぐという時代がありました。しかし、日本は案外早めにこの段階を超えて、付加価値の高い車や電子製品を製造し、輸出を拡大しました。

中国も改革開放以降、安い労働力を頼りに、輸出を拡大してきた。安い労働力の時代が終わると、中国はそれにとって替わる高付加価値を持つ製品を輸出する段階に進まなければならなかった。だが、それはまだ未達です。

たしかに、二〇一三年三月に首相に就任した李克強《りこっきょう》の経済政策、「リコノミクス」は間違いなくそこを目指していました。けれども、政治体制の問題で、李克強は経済運営で主導権を握れず、リコノミクスは始まってもいないのに終わってしまった。

矢板さんが指摘したように、国内の不動産投資、公共事業投資、要するに固定資産投資はすべて飽和状態、頭打ちとなっています。最後に中国がもし望みをかけるならば、内需拡大です。

しかし、内需拡大もそう簡単に実現するわけがない。貧富の格差があれほど拡大すると、唯一内需拡大できる方法はかつての薄熙来《はくきらい》路線しかないでしょう。薄熙来は「打黒」政策でマフィアのみならず、金持ちを一掃し、彼らの財産を没収、重慶市の財政収入にして貧乏人のための福祉住宅を建設した。もちろん、人気取りのためです。

習近平も金持ちからお金を奪い取って、貧困層に再分配すれば、一気に内需拡大ができるかもしれない。

矢板　仮に「打黒」をしても、中国経済は回復しないでしょう。私有財産の保証がなければ、恐くて誰も中国でビジネスができない。

薄熙来路線で一見、庶民は豊かになったかに見えましたが、薄熙来の時代に重慶の不動産の価格は全然上がらなかったのです。要するに、金持ちはみんな重慶から逃げてしまった。

その後、薄熙来が失脚してから、重慶がちょっとまともになって、投資が入ってくるようになりました。重慶の経済が元気になった時代があったのです。

基本的に習近平と薄熙来はすごく似ている。同じ時期に父親が失脚して、同じ時期に農村部に下放され、同じ時期に北京に戻ってきて、同じ時期に結婚して、同じ時期に離婚して、同じ時期に子供を海外に出して、二人とも出世してと、全部タイミングが一緒なのです。しかも互いにライバルであるのにもかかわらず、発想は一緒なのです。習近平はそういう薄熙来的な手法を全国で展開するくらいしか、思いつかない。しょせんそれが習近平の限界なのです。

習近平の下で事実上幕を閉じた集団指導体制

石平　今年（二〇一八年）から習近平は「掃黒除悪」のスローガンを掲げ、黒社会と呼ばれるマフィアなど犯罪集団の全国的な取り締まりに乗り出しています。期間は三年間。薄熙来の「打黒」に対して習近平は「掃黒」、マフィアを一掃だから、さらにすごい。

ただし、マフィアをやっつけるのに三年間もかからない。明らかに狙いは民間企業の経営者の財布です。

中国のことわざで言えば、「殺鶏取卵。卵が欲しくて鶏を殺して卵を獲る」。そんなことを三年もやったら、中国経済はさらに駄目になるのは火を見るより明らかでしょう。

基本的に習近平が犯したいちばんの過ちは、経済をわかっていないのに経済運営の最高指導権を自分が握ったことです。その点、胡錦濤は賢くて、経済運営はすべて温家宝に任せました。

習近平の問題はここです。彼に強大な権力が集中してしまった。政治局常務委員全員がおのおの仕事について彼に報告する。彼の決裁をもらう。そうなると、今後の中国共産党幹部は習近平政権のなかで生きていくためには、経済成長に取り組む必要などない。習近平に忠誠を尽くせばそれでいい。習近平の覚えがめでたければそれでいい。そういう体制になってしまった。

もう一つ、習近平がそこまで権力を握ると、将来中国でどんなに悪いことが起きても、他の人には責任はない。集団指導体制に幕が引かれ、「集団的無責任体制」のなか、すべての責任は習近平が一手に担うことになる。

そういう体制が長続きするだろうか。長続きするはずがない。李克強はきっといま、胸を撫で下ろしているでしょう。

矢板　李克強としては、経済政策に口出しすれば自分が責任を取らされる。それが嫌だから、「どうぞどうぞ、やってみてください」というのが本音ではないですか。

石平　本来ならば、経済が振るわないときには総理大臣（首相）が責任を取らなければなりません。しかし、李克強は責任を免除された。習近平が「核心」ですからね。

また、習近平の側近や子飼いの部下にしても、習近平の虎の威を借りて、やりたい放題やるのでしょう。そして彼らはトラブルを頻繁に起こす。側近以外の人たちは、保身のためにみんな仕事をしなくなる。そんな状況になります。

経済活動を凍らせた反腐敗キャンペーン

矢板　私の知り合いで、医療機器メーカーに勤めている人がいて、そこは業界でもそこそこ大手だったのですが、習近平時代の二、三年目あたりで倒産しました。

彼の仕事は大きな病院向けにCTをはじめとする医療機器を販売することでした。むろんのこと、最新の医療機器の価格は高額で、数億円とかざらにするわけです。習近平が反腐敗キャンペーンを行っているさなかだったので、医療機器を買うと、必ず病院側がリベートをもらったのではないかと疑われる。

それで何が起きたかというと、すべての病院の院長がウチは要りませんとなった。医者は毎日、新聞を読んで、お茶飲んで、一切仕事をしない。新しい設備や機器は買わない。古い設備や機器が壊れたら直す。直せなかったら、「ウチはそういう機械を置いていません。他に行ってください」と言って、誰も仕事をしなくなるわけです。そういう現象が実際にすごく起きていて、そのため、経済がすっかり停滞してしまった。

石平　これまで公共事業の担い手の一つは地方政府でした。ご存じのように、公共投資のプロジェクトを一つやれば業績にもなるし、賄賂を取るチャンスは無限に生まれる。いまはどうせ賄賂は取れないから、苦労してプロジェクトをやる人はいない。やればやるほど、いまの矢板さんの話ではないけれど、お前が賄賂を取りたいのではないかと嫌疑をかけられる。

矢板　たとえば病院の院長がいるでしょう。必ずその下に三、四人の副院長がいるわけです。そして常に院長の座を狙っている。彼らは何かあるとすぐに密告の手紙を中央規律委員会に送る。すると院長が高い買い物をしたかどうか、すぐに調べに入る。こうした不毛なことが繰り返されています。

とにかく中国ではいま、集団的無責任、集団仕事放棄といった状況が起きているわけです。市、県、省、どこも同じ状況です。

いまは誰も賄賂を受け取らず、誰も仕事をしない時代

石平　反腐敗キャンペーンが政治経済の活力をすべて失わせた。唯一、気持ちよく座るのは、習近平だけです。反対意見は何も上がってこない。周りはすべて、「習近平主席はすごい」と賛辞、称揚の嵐です。逆にここまできたら、習近平のやり方は共産党政権の寿命を縮めるのではないでしょうか。

矢板　たしか二、三年まえに起きたのは北京市の工商局、ここは新しい企業が設立されると営業許可証を出すところなのですが、それを一年ほど発行していなかった。新たな申請がたくさん来ているのに、発行していない。

　発行して万が一何か問題が起きたときに自分の責任にされるからです。発行しない言い訳に「紙がない」と言い張って、発行しないわけです（笑）。こうなるとみんなが営業できない、あるいは違法営業に踏み切るしかない。でもそれは、公証局には関係ない。必ずそういう問題が起きるわけです。

石平　結局、そのしわ寄せをうけるのが、民間企業の経営者たちです。賄賂を平気で渡せる時代は、逆に彼らにとってやりやすい時代だった。何かプロジェクトを実行する場合、それなりのポストの幹部にそれなりの賄賂を贈れば、問題をすぐ解決してくれた。しかし、

いまは誰も賄賂を受け取ってくれない。そのかわりに誰も仕事をしてくれない。

矢板　第一期習近平時代に、窓口の公務員の態度が悪いといって、徹底的に直したのです。それ以前の中国でよくあったのは、たとえば銀行にしても、行っても担当者がいない。週に三回しか来なくて、それも一、二時間でどこかへ行ってしまう。また態度も悪い。しかも、実際にハンコを押してもらうのに、賄賂を一定額贈らなければならないというのがこれまでの中国の公務員の姿なのです。

「なかなか会えない」、「態度が悪い」、「事がなかなか進まない。解決しない」という言葉があるのですが、習近平政権になってそれを徹底的に改善させた。その結果どうなったか。いまは朝、担当者が仕事時間中に必ずいる。しかも笑顔で応対する。でも、問題はまったく解決できなくなったという本末転倒な話なのです。

だから、まだ昔のほうがよかったとみんな言っているわけです（笑）。昔は何回か通っているうちに賄賂を贈れば、ちゃんとハンコを押してくれた分だけマシだった。いまはそういうことはまったくしなくなっていますね。

誰も信じない習近平のユートピア的共産主義

石平　鄧小平の改革にしても、江沢民時代の市場経済時代、腐敗政治にしても、これは誤解を招くかもしれないけれども、ある意味人間性に適っていた面があった。

鄧小平の論理は簡単です。人間は誰でもおいしいもの食べたい。腹いっぱい食べたいという欲望がある。その欲望を満足させ、経済を成長させればそれでいいというものでしょう。

江沢民はそもそもカリスマ性を持ち合わせていません。幹部たちを服従させるためには、「お前たちは適当に腐敗をしていろ。そのかわりに私に反対しなければいい」というスタンスでした。

胡錦濤政権時代はみんな腐敗をやりたい放題になっていました。それで一応は反腐敗の〝ポーズ〟を取るわけです。しかし、絶対にアクションは起こさない。なぜなら、政権そのものが腐敗のうえに乗っかっていたからです。

共産党の幹部たちは賄賂を得るために、多彩なアイデアを出してプロジェクトを起こす活力がありました。

それでは、現在の習近平政権はどうか。彼の一連の講話や発言は、私に言わせれば、ユートピア的共産主義でしかない。誰も信じていない精神論にすぎない。

習近平の思想にしたがえば、共産党の幹部はこれから一切の私利私欲をなくして、人生のすべてを共産党の思想・理念、人民のために奉仕しなければなりません。

そんなバカな人間はどこにもいない。毛沢東時代に多少そういうことを信じる幹部はいた、あるいはそういう気風はあった。けれども、いまは誰も信じてない。いったい習近平はどう収拾をつけるつもりなのでしょう。

莫大なコストがかかる習近平の恐怖政治

矢板　毛沢東時代、中国人はみな洗脳されていました。それはまず第一に、情報が入ってこないから。

中国は経済がまったく駄目で、中国人は貧しかったのだけれども、「他の国はもっと貧しい」と言われて、みんな信じていたわけです。

でも、このインターネット全盛で、これだけ海外に自由に行き来できるようになっているご時世のなか、もう一回洗脳しようとしても、どだい無理な話です。

いまは恐怖政治を敷いて、反発すれば逮捕するという強引な手法で政権を維持していますが、それによって莫大なコストがかかっています。

そんななか、このところ中国国内のあちこちで起きているのは、警察官のデモです。「給料が上がらない」、「年金がピンハネされた」など待遇の悪さが原因で、今後、急速に拡大していくと思います。

警察官のみならず、ここ二、三年、退役軍人のデモがずっと続いています。これもまた待遇改善を求めてのデモで、社会の不安定要因となっているのです。国務院は組織改革、構造改革の一環として退役軍人のための新しい部署、国家退役軍人事務部を創設し、対応にあたっています。

退役軍人たちが抗議デモを行う場所が、北京の中心部にある中央軍事委員会なのですが、政府にとってそれは大きな脅威になっている。そこで担当部署を中央軍事委員会から国務院に変更し、国家退役軍人事務部で退役軍人の面倒をみようとしているわけです。

従来、対応していた中央軍事委員会は中国共産党の組織図のなかでそうとう上位に位置しています。そこでさえ解決できなかったことを、体力のない国務院にできるわけがない。

石平　結局、習近平が選んだ道は、毛沢東のように強権で党内を押さえる、強権で国民全体を押さえるというものです。そうなると暴力機構である軍、警察、武装警察、ネット監視等々、膨大な人員を養わなければならない。

今後、経済が衰退していくなか、財政収入も減っていくなかで、習近平一強体制を維持することは厳しくなっていくでしょう。政治学的な言葉で言えば、統治コストが高すぎるのです。

そうなると、この統治コストを賄うために、政府は民間企業、外資企業からなりふり構わず搾り取ることになる。しかし、そうした収奪は民間企業の活力を間違いなく削《そ》いでしまう。すると、経済はますます縮小する。縮小すると強権体制を維持するため、さらなる収奪が行われる。

巨大な利権を生むだけの意味のない監視体制

矢板　人間社会とはきわめて複雑で、監視する人をたくさん雇うとどうなるか。その人たちは巨大な利権を掌握して、悪さをし始めるわけです。

たとえば、こんな笑い話があります。重要な党大会や全人代があると、北京にいる活動家たちを、一定期間公安当局の連中が北京の外に連れ出す。

活動家といっても、普段ちょっと政府を批判したりする程度の人たちです。それでも北京市内にいると、私のような外国メディアの人間に会ったり政府を批判したりするから、彼らを外に連れ出すため、なんとそれを口実に監視者が一緒に旅行をするのです（笑）。

その人たちは犯罪を行ったわけではないから、危険でもないし、むしろ一緒に観光地に行けるから、彼らを監視する連中は喜ぶわけです。

私の知り合いに活動家夫婦がいるのですが、全人代期間中にはいつもどこかしら旅行をさせられる。公安の人間が「どこかに行ってほしい。海南島《かいなんとう》の三亜《さんあ》あたりはどうですか？」

と持ち掛けてくると、「じゃあ、いいですよ。しょうがない」と応じる。抵抗すると逮捕されるから、仕方なく出かける。

夫婦二人で旅行するのに、五人の公安当局の人間がついてくるような状況を想像してください。夫婦は三亜の高級ホテルに泊まったのですが、となりの部屋には公安当局の連中がいる。

そして、全人代が終わり、二人は北京で仕事があって忙しいので、「もういいでしょう。私たちは明日、北京に戻ります」と監視役の人に相談すると、監視役は、「困ったな。もうちょっといて欲しいのだけれど……じゃあ、わかった。俺たちのなかで一番若手のこいつがお前らを連れて帰るから、俺たちはもう三日ぐらいここに残る」と(笑)。もう完全にお遊びなのですね。

その夫婦が北京にずっといたって何も問題ないのに、監視する人たちにとっては立派な"利権"になるわけです。翌年は担当者が代わったりする。「あいつは去年行ったから、今年は別の人が行く」といった調子です。ことほど左様に、いくら金があっても足りない。

彼らはさまざまな理由で費用を水増しし、何かにつけて経費を申告し、使いたい放題に金を使う。それがすべて中国の治安のコストに入っているわけです。

潰れるときは一緒の政府と銀行

石平　二、三年前に盛んに理財商品やシャドーバンキングの問題が欧米や日本のメディアに取り上げられていました。

理財商品とは、中国の個人向け資産運用商品の総称です。簡単にいえば、通常の国有商業銀行以外の信託会社や証券会社を含むいわゆるノンバンク（これが影の銀行・シャドーバンキングの正体）が個人投資家から資金を集めて、企業や不動産開発プロジェクトに投資するもので、高い利回りと引き換えに元金の保証がまったくない、リスクの高い金融商品です。

その当時でさえ、中国のシャドーバンキングの総額は三〇兆元といわれていた。ヘッジファンドの大物ジョージ・ソロスは、「金融当局の監視の目が行き届かない点で、シャドーバンキング問題はあのサブプライムローンと酷似している」と言っていたのを覚えています。

でもこのころは、あれだけ大騒ぎされた理財商品やシャドーバンキングの問題がさっぱり聞かれなくなりました。水面下に潜っただけで、深刻な状況が続いていることには変わりはないと思うけれどね。

矢板　「深刻だ」と欧米メディアが騒ぎ始めて、日本メディアもそれに加わってきました。私も中国でもリーマンショックみたいなことが起きるのではないかと思いました。

　日本でも不良債権問題で日債銀や長銀がバタバタと潰れたでしょう。というのも、民主主義国家の場合、政府は助けられないわけですね。政府が手足を縛られたなか、助けようにも助けられなくて、最後に潰れていく。

　けれども中国の場合、そういう不良債権は誰に相談するでもなく、政府が助けられるわけだから、それが一気に弾けることはおそらくない。

　中国の場合は銀行と政府が〝一体化〟になっているわけです。だから、潰れるときは一緒なのです。政府が銀行を助ければ銀行は潰れないけれど、政府に対する信頼はいまはどんどん下がっている。将来、政府の信用が地に堕ちたときには、リーマンショックの何倍もの大変な危機が発生すると思います。

石平　いまの中国政府のやり方は、そういう問題を解消するのではなくて、爆発しないようにもっていく。そのためにさまざまな措置を取るのですが、そうした措置が逆に問題を大きくする。

　爆発しなければいいが、爆発したら大変なことになります。そうしたリスクをこれからは習近平がすべて背負っていくことになります。側近には能力がないので何もできない。

側近以外は誰も動かない。それでは対処できるはずがない。いずれ破綻するしかないのです。

経済で爆発するか、対外貿易で爆発するか。内政で、後継者問題で爆発するか。爆弾はいっぱいある。

第九章

習近平最大のばくち、台湾併合

側近を重用する習近平の独裁体制の危うさ

矢板 今年三月、経済に関する陣容が発表されましたが、経済運営を任されたのは今回副首相になった劉鶴《りゅうかく》で習近平《しゅうきんぺい》の側近です。これでますます李克強《りこっきょう》首相の影が薄くなった。前述したように李克強は共産党の序列ではナンバー2だけれど、仕事をさせてもらっていないし、本人も意図的に引いているところがある。

人民銀行総裁も周小川《しゅうしょうせん》から易綱《いこう》に代わりました。周小川前総裁の任期は約一五年と長かった。江沢民《こうたくみん》派ですが、政治的スタンスではかなり国際的視野を持った人で、それなりに人民元の国際化にもかなりの貢献をしたと思います。

易綱新総裁はあまり存在感のない人で、今後の人民元問題の舵取り役としてどうでしょうか。トランプは大統領になる前から「人民元が問題だ、中国は為替操作国だ」とずっと非難してきた。これから人民元問題がヒートアップしてきたときに、易綱では心もとない気がします。

石平 李克強は本当にする仕事がない。外交は習近平と王岐山《おうきざん》がやる。経済は劉鶴と易綱がやる。考えてみれば、人民銀行の周小川前総裁の任期の一五年は長いですね。

矢板 長かったし、それなりに優秀だった。江沢民派の幹部はみんな優秀なのですよ。上海閥の出身で台頭した江沢民は「上げ底」とか「無能」とか滅茶苦茶に言われたけれど、江沢民時代の幹部は、結局中国を三〇年支えてきたようなところがあります。能力はみんな高かったです。

石平　江沢民は人を使うのは上手だった。本人は別にたいした能力はないけれどもね。

いまの習近平の独裁体制でいちばんの問題は、側近しか使わないことです。しかも、その側近たちはしょうもない連中ばかりだ。こんな連中で中国を治めるなんて冗談じゃない。

矢板　側近の一人が、習近平より三つ年上の栗戦書《りつせんしょ》。習近平が二〇代後半のときに河北省に行き、河北《かほく》省正定《せいてい》県で書記を務めていました。日本で言うところの町長みたいな立場だったのですが、栗戦書は隣の町（無極《むきょく》県）の書記でした。

もう一人、人民日報の河北省石家荘《せっかそう》通信部員だった楊振武《ようしんぶ》。この三人が毎晩のように酒を飲み交わしていたのです。

田舎に飛ばされたのが不本意で、当時の上司とも折り合わなかった習近平の愚痴を、栗戦書と楊振武は聞いてくれた。その飲み友達だった栗戦書がいまは政治局常務委員会序列ナンバー3ですからね。

楊振武も記者としては全然駄目だったけれども、習近平時代にはどんどん抜擢されて、人民日報編集長から社長に登り詰め、今回は国務院秘書長になっています。

習近平の父親の墓をつくって出世した趙楽際

矢板　政治局常務委員会序列ナンバー6の趙楽際《ちょうらくさい》。この人はもともと習近平派ではありません。彼が陝西省《せんせい》、習近平の故郷のトップに就いていたときに、習近平の父親・習仲勲《しゅうちゅうくん》の墓を巨大な〝陵墓〟に改造したのですね。

中国共産党の指導者は、亡くなると八宝山《はっぽうざん》革命公墓という墓に入れられるのが原則です。そこには身分の差があって、習近平の父親は副首相までやったから、副国家指導者クラスの墓に入れられる。

一方、まだ生きている習近平の母親は局長級なので、原則的には同じ墓に入れない。それで、母親は嫌がって夫を八宝山革命公墓に入れずに、故郷の陝西省につくった墓に入れた。まあ、そのこと自体が問題なのですが……。

それでいまから約一〇年前、趙楽際が陝西省のトップになったときに、習近平の父親・習仲勲の墓を大改造した。

墓所と併設された習仲勲記念館の面積は約七〇〇〇平方メートル、周辺の専用道路と駐車場などを入れると二万平方メートルを超えます。南に小川が流れ、北に山々がそびえる美しい自然のなかにあり、さしずめ皇帝廟をほうふつとさせる陵墓にしたわけです。

ただ、そのときはまだ胡錦濤《こきんとう》時代で、習近平は実権のない国家副主席にすぎなかった。中国共産党は、指導者個人のためにこのような墓をつくることを原則的に禁じているし、しかも周辺の農地を全部強制収用してつくった墓だったのです。

当時、もし胡錦濤が「なんでこんなものをつくったのだ?」と問題視したら、趙楽際は失脚する可能性もありました。

要するに、趙楽際は事情を承知してあえてリスクをとって決断したのです。運良く胡錦濤に問題視されないで習近平時代になりました。

そうしたら趙楽際はロケットに乗ったように出世するわけです。今回、副主席になった王岐山の前職、中央規律検査委員会書記の座にも就いています。党内序列こそ第六位ですが、実質のナンバー2ともいえます。

趙楽際は、石平さんの大学の先輩で、北京大学哲学科出身。日本の流行《はや》り言葉であらわすならば、「忖度《そんたく》の名人」なのです。

石平　独裁政治のいちばんの落とし穴がここなのですね。毛沢東時代も文化大革命以前は、中国共産党内にはまだ人材が揃っていました。ところが文化大革命になると、四人組しか使わない。だから駄目になった。

鄧小平《とうしょうへい》がすごいのは側近にこだわらず、さまざまな方面から人材を見出して、さらに使いこなしたことです。それで鄧小平の時代が拓《ひら》けた。

いまの習近平のやり方は側近しか信じない、側近しか使わない。本当に頼りにできるのは王岐山だけです。でも、その王岐山もすでに六九歳。あと何年やれるかわからない。

だから、習近平政治はどう見ても国民と国家に希望を持たせて将来を開くのではなく、自閉症的な政治でしかありません。

諜報活動に関する法律も予算もない日本

矢板　産経新聞にも何度も書いているのですが、二〇一五年から一七年にかけて遼寧《りょうねい》省、浙江《せっこう》省、北京市、上海市で、日本人一二人がスパイ活動を行ったとして、拘束されました。そのうち四人が釈放されたけれど、八人が起訴されています。

これまでの判例では〝外国人スパイ〟は一〇年以上の懲役刑を科されたこともあります。しかし、この八人の逮捕容疑はいずれも曖昧で、家族や日本政府への説明もほとんどありません。冤罪の可能性がきわめて高いのです。

それに対して、日本はスパイ天国と言われるように、日本にはスパイ防止法も何も、スパイに対する法律がありません。

外国のスパイ組織はみな日本に支部を置いて、あちこちに派遣して活動しているわけです。日本にはスパイに対する法律、海外の諜報活動に関する法律が一切ない。ということは、海外にスパイを出せるわけがないのです。

法律がないということは簡単な話、予算がないのですね。予算がないのにボランティアでスパイをやっている人はいません。だから、日本人が海外で諜報活動をすることはありえないわけです。

当然ながら、日本にも公安調査庁や外事警察といった組織はあるにはありますが、これらはスパイ活動を行うのではなく、誰かに会って話を聞くような情報収集活動がメインなのです。

中国で拘束された日本人はそうした組織の関係者も含まれるかもしれないけれど、国際社会から見ればとてもスパイとは言えない。それなのに中国では日本人を拘束し、メディアを使って、これこれが日本のスパイだと喧伝している。

つまり、日本がスパイを派遣していることは、あの戦争の歴史教育と同時に、日本はいまも虎視眈々と中国への侵略を考えているという中国側のロジックが成り立つわけです。

中国語もできないのにスパイとして拘束された日本人

矢板　一時六人もの社員が拘束されたのが千葉県船橋市にある温泉探知調査会社でした。

六人のうち誰一人中国語ができない。温泉一筋にずっとやってきた人たちですよ。最近、中国人の観光客が日本に押し寄せて、爆買いして、温泉に入った。温泉が気に入ったので、中国国内に温泉をつくれないかという話があって、中国が技術を持っていないから、彼らが呼ばれた。

温泉を探してくれと依頼されて中国に来た日本人をスパイと言って捕えるのは、常識的には考えられない。まったく理不尽な話です。いまだに二人が拘束されていて、もうかなり長期化、一年ぐらいになっています。

拘束されている八人のうち、もっとも知名度が高いのは、二〇一六年七月に拘束された日中友好団体、日中青年交流協会理事長の鈴木英司氏です。中国の治安当局は日本側に中国の国家安全に危害を与える活動をしたため拘束した」と伝えたが、容疑の詳細を明らかにしなかった。

鈴木氏拘束のニュースは、日本の日中関係者に大きな衝撃を与えました。事件後、中国から見れば日中友好人士や、「村山談話を継承し発展する会」の理事をやっている方が中国でスパイとして拘束されるのだから、もう恐くて中国には行けないと、訪中を取りやめた日中関係者も相当いたと思います。

孔子学院は世界の大学に入り込む洗脳教育機関

石平　今後は中国問題を研究している学者や、中国批判を続けているジャーナリストは中国からは足が遠のくでしょうね。それはそうと、矢板さんに聞きたいのは、いまアメリカで問題になっている孔子学院についてです。

矢板　日本にもかなりできていて、私が知っているのは、立命館大学や桜美林大学、あるいは工学院大学あたりでしょうか。一方で最近、アメリカでは孔子学院の行動を監視する動きが強まっています。

孔子学院ついて、昔調べたことがあって、そもそもどうしてできたかというと、天安門事件で中国人の知識人がたくさん海外に亡命しました。亡命してやることがないから、中国語教室を開いて、中国語を教えていた。

たまたま中国が経済成長して、世界中に中国語を勉強する人が増えていたのですね。亡命中国人は民主化活動を行っていたから、中国語を教えると同時に共産党を批判した。

そうしているうちに、海外で中国語を勉強する人には中国政府に批判的な人が多いとする話が届いた。中国政府は危機感を覚えます。そこで、「孔子学院」という海外展開機関をつくって、海外の各大学と提携し、中国政府が派遣する中国人が正しい中国語を教え、同時に共産党が正しいことを一緒に教えるプロジェクトをスタートさせたのです。

これは海外の大学にとって、一見、非常においしい話に思えます。場所を提供するだけで、中国政府の予算で教師を派遣してくれるため、学生たちはいわゆる本物の中国人の中国語を勉強できるから有難い話だと。

中国語を教えるだけならいいのですが、同時に中国文化と称して、そのなかに中国政府、中国共産党の宣伝も若干入れたりするわけです。

これがなぜ問題かというと、たとえば大学とは関係なく、ただの民間機関としてフランスの政府（アンスティチュ・フランセ）やスペイン政府（セルバンテス文化センター）も、語学学校をやっています。それはいいのです。

でも、公的教育機関であり、一般の学生たちが高校を卒業して受験して入る大学のなかに、中国政府の〝洗脳教育〟の機関が入っているのはおかしいわけで、欧米ではかなり問題視し始めています。

日本はまだ気づいていないのか、「うちにも孔子学院を」と大学側が誘致している始末です。アメリカではどんどん監視を強化して、孔子学院を大学から追い出そうという動きになっています。

石平　孔子学院という名前になっているが、『論語』などは教えるのでしょうか？

矢板　いや、まったく関係ありません。孔子様の名前を借りただけです。中国の歴史を見ていると、登場人物はいっぱいいるのですが、実はプラスイメージの人物があまり見当たらないのですね。そこで中国側は一生懸命考えて、孔子の名前を使うことに落ち着いたのでしょうね。

また中国では二〇一〇年からノーベル平和賞に対抗して、毎年、ノーベル平和賞発表の前日に「孔子平和賞」を発表しています。しかし、受賞者は変な人ばかりですね。一昨年は中国のPKO部隊の亡くなった兵士たちでしたが、その前はジンバブエの独裁者のムガベ、プーチンも選ばれています。

中国政府は孔子の名前を使って、滅茶苦茶なことを行っているわけです。

石平　孔子学院の話に戻すと、いずれ孔子学院は習近平思想を広げる役割を果たしていくのでしょう。中国でよく言う「外宣（対外宣伝）」の一翼を担っていく。

今回の国務院改革においても、対外宣伝の強化が目立っています。

三つのメディア統合の思惑

矢板　中国の宣伝機関を政府の支配下に置くとする機構改革が三月十一日に発表されました。まず、驚いたのが、対外的に「中国中央テレビ（CCTV）」、「中央人民広電台（CNR）」、

「中国国際放送局（ＣＲＩ）」という三つの中国を代表するメディアを統合するということでした。

ということは、ＣＣＴＶという名前がなくなるわけです。統一して「中国の声」とするわけです。なぜそうするのか。

たとえば、従来は中央テレビと中央ラジオとは競争関係にありました。お互いの記者がスクープ取りをしたり、先陣争いを繰り広げてきたわけです。

でも、それは政府にとって都合が悪いのですね。それで競争をなくすために一緒にしてしまう。「中国の声」として統一した意見を外向けに伝える。文字どおり、「共産党の喉と舌」の役割となるよう一本化する。これからはそれをどんどん強化していくでしょうね。

石平　国内で中国共産党の宣伝、洗脳活動をするのは勝手だけれど、海外でも同じ動きをされるのはちょっと恐い。それと関連して、論じ合いたいことがあります。

習近平政権は一応国内の権力基盤を固めた。と同時に「中華民族の偉大なる復興」というスローガンを打ち出して、南シナ海に軍事拠点をつくったり、一帯一路を展開していきます。

最近の人民日報には、習近平の思想で世界の進路を指導しなければならない、とまで書いてある。習近平の妄想に違いないのですが、矢板さんの目には習近平の基本的な外交戦略、国際戦略はどう映っているのですか。

習近平思想の恐ろしい中身

矢板　習近平思想とはほとんど中身のないもので、二〇五〇年までに何をするというふうに、思想というよりも自分のやりたいことを並べているだけで、とても思想とは呼べません。

それでも人民日報などの官製メディアは持ち上げているのですが、習近平のやりたいことのなかで、二〇五〇年までに中国を社会主義強国にするとあります。

その中身は、中華民族の偉大な復興を実現する。中国人民解放軍を世界一流の軍隊にする。そして、大国外交を展開するという件があるのですね。

恐いのは、社会主義強国とな

要闻 2

人民日报

习近平分别会见出席中非合作论坛约翰内斯堡峰会的部分非洲国家领导人

习近平会见莫桑比克总统纽西

习近平会见肯尼亚总统肯雅塔

02版　目录　往期

2015年12月の人民日報。中国・アフリカフォーラムに出席した習近平の写真を同じページで掲載し、個人崇拝への宣伝は一層鮮明となった。間違い探しではないかとの声も。

ることの裏側に横たわっているものです。それは中国の保守派がずっと希求する失地回復、失った領土を取り戻すことがあります。考えてみたら、強国と自分で言った以上、領土を外国に取られっぱなしでは格好がつかないので、それを取り戻したい。

でも、どこが失地なのかと考えると、実は滅茶苦茶なのです。当然、台湾があります。それから南シナ海、尖閣。それと現在はインドの領土になっているチベットの南側。それら全部を二〇五〇年までに取り戻さなければいけない。二〇五〇年までに中国を社会主義強国にするという習近平思想を具体的に解釈するとそうなります。

習近平はそう書いてはいないけれども、私が現場の軍人に聞くと、要するにこういうことでしょうと肯くわけです。こう考えると、二〇五〇年までに中国は相当周りと戦争をしないと、失地を取り戻せない。

常にトラブルを起こし続ける体質になった中国

矢板　先刻言及したように、経済が中国を支える柱になれないのならば、もう民族主義しかない。民族主義でもって対外拡張、版図拡大を行い、国民の心を民族的な誇りで満たすことにより、政権を維持させるしかない。

そういう意味において、対外拡張は習近平政権にとって宿命的な戦略なのです。しかも、それを自転車操業でやらなければいけない。

習近平政権のここ数年を見ていると、世界のトラブルメーカーになっています。尖閣でトラブルを起こして、日中が険悪になったとき、アメリカのオバマ大統領が訪日、「尖閣は日米安保の適用範囲だ」と明言してくれた。これについてアメリカ政府は三〇年間曖昧にしてきたけれど、ようやく日本はアメリカから言質を取れた。

習近平があまりには暴れ者だから、アメリカが日本に言質を与えないと収拾がつかなかったからです。だから本当は、日本は習近平に感謝しなければならない。

中国は尖閣でややおとなしくなると、今度は南シナ海に人工島を造成するなど無法者のようなアクションを起こした。それでフィリピンに訴訟を起こされて、国際仲裁裁判で負けた。その次にはインドとの国境でまたいざこざを起こした。

中国は常にトラブルを起こし続ける体質になってしまった。だから、またそのうちに尖閣で何かを起こしますよ。

民族主義を煽って国民を束ねる以外にない

石平　矢板さんが指摘した失地回復、それは一つの重要なキーワードです。そうなると、中国は台湾に戦争を仕掛けなければいけなくなる。日本にもインドにもフィリピンにも戦争を仕掛ける。

習近平が唱える「中華民族の偉大なる復興」には、失地回復の他に、失われた〝秩序〟の回復という意味が込められています。それは領土よりさらに広い範囲です。かつての中華帝国は自分たちが直接に支配する領土以外に、さらに広い範囲で覇権主義を敷いていた。つまり、華夷秩序《かいちつじょ》の回復です。

たとえば朝鮮半島は別に中国の領土ではないけれども、かつての中華帝国の超然とした秩序のなかでは、朝鮮半島は確実に中国の朝貢国、属国みたいなものだった。ベトナムもそうでしたし、沖縄、琉球王国さえそうでした。

しかし、中国はアヘン戦争以来、それらのすべてを失った。アヘン戦争で失ったのは領土のみならず、中国を頂点とする華夷秩序、中国の覇権も瓦解してしまった。

習近平政権が目指した一つが矢板さんが指摘した「失地回復」です。本来、中国の領土かどうかは怪しいものが多い。たとえば南シナ海などはどう考えても中国の領土ではない。台湾の位置づけをどうするかはまた別の問題ですが、どう考えても中国とは無関係。尖閣もどう考えても中国とは無関係の島ですが、それでも中国に言わせれば失った領土なのです。

習近平はどうやら、中国が主張している領土よりもさらに大きな範囲において、要はアジア全域を支配したいと望んでいるようです。そうなると視野に入ってくるのは尖閣だけではなく、沖縄、日本、フィリピン、ベトナム、もちろんさらに広い範囲までを支配したいのでしょう。二〇五〇年に習近平の目標が達成されるならば、われわれは中国を頂点とする華夷秩序に跪《ひざまず》き、習近平の家来として生きていくことになるわけです。それが私にはいちばん恐ろしい。

もう一つは、これも矢板さんが指摘したように、今後は中国経済が確実に失速することから、習近平としては民族主義を煽って国民を束ねる以外にない。経済が振るわなければ振るわないほど、対外侵略的な衝動に駆られやすい。

習近平は国内矛盾を克服するためにも、戦争を仕掛ける可能性がある。要するに国民の不平不満を限定的な対外戦争で解消するわけです。

もう一つは、習近平自身の問題と関りがあります。習近平は自分の思想を党の規約に盛り込み、憲法にも盛り込んだ。その点では毛沢東と完全に肩を並べた。しかしながら、どう考えても彼には目立った実績は何もない。毛沢東の足元にも及ばない。鄧小平の足元にも及ばない。

そうなると今後、習近平が本物の偉大なる指導者になるためには、実績を人民に見せつけるしかない。ところが、彼が実績をつくれるフロンティア、領域はもう国内には残っていません。

国内で鄧小平的な改革をもう一度行うことは無理だし、毛沢東のようにもう一つの中国をつくれるはずもない。結局、彼にとって毛沢東と鄧小平を超える業績は、覇権主義、もう一度アジアを支配すること、それ以外はないというのが習近平政権の危険性ですね。

習近平が尊敬する歴代の三皇帝

矢板　習近平政権が発足した当時に「中華民族の偉大なる復興」というスローガンが出てきました。「復興」は再び栄えるという意味です。昔に栄えた時代があって、そこに戻る。それがどこかと言うと、三つあるのです。漢の時代の武帝《ぶてい》。唐の時代の太宗皇帝《たいそうこうてい》。それから清の康熙帝《こうきてい》です。

これは習近平が尊敬する三人です。この三人はいずれも朝貢外交、華夷秩序の体制をつくり上げています。要は、習近平は周辺各国がみんなお土産を持って中国にやってきて、中国は頭を撫でて「よしよし」というような秩序に戻そうとするわけです。

それが「偉大な中国」であり、彼はそれを目指しているのです。その秩序に納得しない国は、彼にしてみればけしからんわけで、復興するためには押さえるべき国になります。

それで具体的に習近平の矛先が真っ先に向かう場所はどこかと言うと、実は台湾なのです。というのは、尖閣も南シナ海も実際は人がいない無人島ですよ。

　取っても、取った実感がない。そこに兵士を置いたら、その瞬間に人質になってしまいます。だって日本も一時、尖閣に公務員を派遣するという話になったけれど、派遣した瞬間に人質になる。いつ相手が攻めてくるかわからないですからね。仮に島に置いても十数人から数十人程度ですから、自分で自分を守れない状況に置かれます。

　それから、米軍が沖縄にいるから、中国が尖閣を取っても、すぐまた取り返される可能性が高い。南シナ海についても同じです。

石平　それでは取ったことの意味がどこにあるのかわからない。

中国の台湾併合シナリオ

矢板　そうなのです。また中国はいま世界第二位の経済大国になっているけれど、尖閣をめぐって世界第一位と第三位の国を敵に回すと、やはり経済的な代償は少なくありません。

　南シナ海では、依然として中国海軍はそう強くはない。島を取っても、補給線が長いために、あまり遠くまで出て行けない。

　インドもそうなのです。インドはヒマラヤ山脈が立ちはだかっていて、道路を一生懸命につくったけれども、やはり補給線が長すぎるわけです。

そういう意味で、台湾は人口も多いし、台湾のなかにいわゆる「親中派の外省人」たちがいっぱいいます。特に台湾の軍人には、外省人の二世、三世が多い。だから、その人たちに中国統一を指導してもらえればいい。

いま中国は台湾の竹聯幇《ちくれんほう》などのヤクザ、これも外省人の組織ですが、台湾のヤクザを使って、さまざまな活動をしています。

中国が台湾を取るシナリオとして、習近平は二〇一四年に勃発したクリミア紛争でのロシアの動きを研究しているようです。ロシアに専門家を派遣して、ロシアがクリミア紛争でクリミアを支配下に置いたプロセスを詳細に研究させている。

初めは武力侵攻せずに、サイバーテロを起こしたり、フェイクニュースを流したり、さまざまな工作を行って、敵側を混乱させる。クリミアの場合は、親ロシア派たちを蜂起させた。そして政権を取る。その瞬間にロシアが出兵して支援する。

中国は台湾を実質支配下に置くため、かなりの工作が進められていると言われています。

石平　おそらく習近平は次の党大会で、またヤマ場を迎えるでしょう。国家主席の任期は撤廃したけれども、総書記を続ける大義名分が一応必要だからです。次の党大会までの五年間で彼は何かすごいことをやらなければならない。

毛沢東を超える絶対的な大指導者になるための台湾併合

矢板　第一期目の五年は、習近平は反腐敗運動に邁進した。でも、反腐敗といっても全然よくなってないという話もあります。国際社会の調査機関によると、中国の汚職の番付が下がっているのですね。やはり腐敗については、国民一人ずつが感じるかどうかですよね。あと五年も反腐敗だけで、政権は維持できない。

経済成長も難しい。習近平が切羽詰まったとき、頭に浮かぶのは台湾併合だろうなと推測できます。

石平　逆にもし習近平が本当に運がよくて、台湾の併合に成功すれば、彼の業績ならびに歴史的地位は毛沢東も鄧小平もはるかに超えて、それこそ絶対的な大指導者になる。

矢板　そうでしょうね。本人はそれを考えているでしょう。けれども、台湾を取りに行って失敗した場合は……。

石平　終わりだ。それは習近平にとって、大変な賭けになります。しかし問題はここです。台湾を武力併合すれば、その連鎖で大変なことが起こるのではないですか。

矢板　本当ですね。実際には現在の台湾には軍人は二〇万人程度で、中国の約一〇分の一しかない。戦力については、中国側が強い。

もしアメリカが手を出さなければ、中国が一気に攻め込んで多分二四時間で、下手をすると一二時間で制圧できます。そうなった場合は、その後のロシアとクリミアと同じ形です。「もう占領した」「国際社会の制裁を受けても認めない」というか無視を決め込む。一応それはロジックとして可能です。

石平　しかもそこで習近平にとって有利なのは、一応アメリカにしても日本にしても「一つの中国」の原則を尊重していることです。国際社会の多くの国は、台湾の独立国家としての地位を認めていない。そうなると、中国は台湾に手を出しても侵略にはならない。ここで国連の制裁が発動されない。いや、そもそも発動しない。中国は否決権を持っているのだから。

矢板　国連では制裁できないけれども、先進国はみんな経済制裁をするでしょう。それでも中国は無視すればいい。

石平　中国は、天安門事件で味をしめた。先進国の制裁はせいぜいポーズであって、三年以上続くことはないとタカを括っている。台湾が中国に併合されると、日本の戦略的立場も完全にご破算になって大変です。

国連の駐中国事務所近くで抗議するウイグル人の陳情者＝2011年1月25日、北京（矢板明夫撮影）

台湾進攻のタイミング

矢板　ただし、台湾とクリミアの間には大きな〝違い〟があります。クリミアは基本的に親ロシアの住民が圧倒的多数なのですね。だから、ロシアに併合しても、民衆の反乱はそんなには起きないわけです。ウクライナは懸命に反発していますけれどね。

台湾の場合は、親中派がどんどん減っているのです。世論調査をすれば、台湾では中国統合に反対する人は九割にもなっています。特に若い台湾人のなかに「台湾人アイデンティティ」が浸透しています。彼らのなかには、台湾か中国かという二択は存在しない。自分たちは台湾人で、台湾と中国は別個の存在であるという考えですから。

いずれにしてもアメリカ頼みなのですが、トランプが時々左に行ったり、右に行ったりしているでしょう。誰もトランプが何を考えているのかわからないという状況なのですね。

石平　おそらく中国側もわかっていると思うけれど、中国が何の行動も取らなければ、台湾の若者たちの意識はますます中国から離れていき、台湾人アイデンティティを強めていくでしょう

矢板　そうですね。二〇二〇年に台湾進攻の準備が終わると言われています。だから、二〇二〇年から二〇二五年の間に、中国は台湾に対して何らかのアクションを起こすのではないでしょうか。それをしないと習近平の三期目に間に合わないですからね。これはさまざまな人たちが言及しています。

石平　習近平にとっては、台湾問題を自分の任期を無制限に伸ばす一つの口実になる。要するに台湾問題の徹底的な解決のために、自分はもう一期やる。そこが結構危険です。

実際、台湾旅行法が成立してから、『環球時報』が中国はそろそろ台湾の武力統一のシナリオを考えていると伝えたのですが、実際にはすでにいくつかのシナリオができ上がっているはずで、あとはアメリカ次第です。

なぜ中国軍でなくて人民解放軍なのか？

矢板　日本にいると、中国の台湾問題に対する野心というか、台湾を取り込もうという意

志をあまり感じない。

けれども、かなりまえに中国の軍関係者と食事をしたときに、私はある人に「中国人民解放軍という名前ですが、中国の建国からすでにこんなに時間が経っているのに、なぜいまだに解放軍なのですか？　中国軍でいいじゃないですか」と質問をした。すぐさまこう返されました。「中国は解放されていない、台湾が残っている。台湾を解放するまではこの名前を続ける」とどうも解放軍のなかではそう認識されているようで、やはり、恐ろしいですね。

石平　習近平にとって台湾併合は、彼の直面している政治課題の解決となります。もちろん起こす影響はとてつもなく大きいですが、これに成功することで、直面する多くの政治的課題を一掃できるわけです。自分の業績、自分の絶対的な威信、国内の経済衰退の克服等々の問題を一掃し、同時に国民全体を束ねることができるでしょう。

矢板　中国は台湾の次に沖縄を手に入れるという人が結構います。北京なのに沖縄独立派の関係者を呼んで、沖縄問題のシンポジウムをやっていたりしています。中国側主催でね。けれども、中国に沖縄に対する領土的野心はありません。中国側は、沖縄は日本でないとする「沖縄地位未定論」を主張していて、沖縄独立を支持しているわけです。

沖縄が独立して、中国の朝貢外交のなかに入れる。そして、日本を牽制する。

石平　そうそう。まずは沖縄を日本から切り離す。米軍を沖縄から追い出す。沖縄を中華秩序のなかに取り込む。でも、堂々と「沖縄独立シンポジウム」を北京で行っていることに日本政府が抗議しないのはおかしいよ。

矢板　たしか沖縄から一〇人ぐらい学者が来ていましたね。東京からも二、三人でした。中国からは八〇人も出席していました。なんで他人の国の沖縄問題にこんなに集まるのかと思いましたがね。

石平　平気でやっています。逆のパターンで、東京で台湾独立問題のシンポジウムを開催したら、中国大使館の人間がすっ飛んできて、猛烈に抗議しますね。

これから日本は大変です。習近平が手を出すところは、全部日本にとって生命線みたいなところだからです。南シナ海も、台湾海峡も、沖縄も、尖閣も当然そうです。

あとは対外関係で言うと、矢板さんは中国とロシアとの関係はどう読みますか？

矢板　敵の敵は味方という立場で、いまは協力しているけれども、お互いにものすごい不信感が強いです。単純に、さっき取り上げた失地回復問題で、中国はロシアにもかなり取られています。習近平もそれを狙っているわけですから。

表面的に習近平はプーチンと頻繁に会って、仲良くしているように見えます。けれども、習近平が育った青少年時代、中国の最大の〝仮想敵〟はロシアでした。ずっとその教育を受けてきたのだから、そういう意味で習近平は絶対にロシアに対しての不信感を拭えません。

石平　プーチンだって、心のなかでいちばん警戒しているのは中国ですよ。

親中派のロジックと逆方向へと進む習近平

矢板　日本メディアのなかには、習近平に権力が集中したのだから彼と仲良くしましょう、といった論調がありますが、それはとんでもない話です。そんな独裁者と握手したら、まずよいことはない。

そんなことをしたら、将来、中国の民主化が実現したとき、中国の民衆はみな日本不信になってしまうでしょう。

日本は民主主義国家としてきちんと自身の価値観というか、軸足を堅持しなければなりません。もちろん、国益を考えながら是々非々でやっていかなければいけないのだが、習近平と仲良くすることは日本にとってよいことは何もない。

石平　むしろ日本にとって、今後最大の脅威、敵は習近平になりますよ。繰り返しになるけれど、習近平が手を出そうとしているところはすべて、日本の生命線的なところです。

したがって習近平の台頭は、日本にとって、一九三〇年代のフランス・イギリスが直面したヒトラーの台頭と同じような意味合いがあります。そう認識すべきです。

矢板　戦後独裁政治を続けてきた台湾は一九八七年に戒厳令を解除しました。蔣経国《しょうけいこく》から李登輝《りとうき》に政権が移ると、一気に民主化が進みましたよね。

江沢民・胡錦濤時代に国際社会はそれに期待していたのです。私が北京の特派員になった二〇〇七年はまだ胡錦濤時代で、たまに日本に帰国するときに講演をしていました。当然、中国を批判するのだけれど、日本の親中派はこういう論法で反論を試みてきました。「あなたが言う中国の悪いところは全部認める。なぜ、あなたは時間を与えないのか。中国は文化大革命から胡錦濤時代まで少しずつよくなってきているではないか。もう少し待ってくれれば、いつか民主化は実現するから」

これが日本、ヨーロッパ、アメリカ、台湾、香港も含めての親中派の論法なのですね。ところが、習近平時代になったら、彼らはまったくそういうロジックを言わなくなってしまった。要するに、時間を与えるとどんどん悪くなるわけですから。いまは完全に民主化の方向と逆の方向に猛スピードで動き始めていて、これはもう民主化に戻ることはないです。

石平　習近平のやっていることは、民主化にするすべての可能性を潰していくものです。

第九章　習近平最大のばくち、台湾併合

おわりに　「暗黒中国」は日本にもある

私と矢板明夫さんの対談本の前半は、自分たちが育った中国での生活の回顧である。物心がついてから少年時代、そして青春時代へ。

私の少年時代は毛沢東《もうたくとう》晩年の文化大革命期とほぼ重なり、矢板さんの少年時代の一部も文革期の最中《さなか》であった。私たちの人生に大きな影響を与えた文革期を一言でいえば、それは間違いなく、「中国の近代史上もっとも暗黒な時代」である。

文革期の十年間、およそ一億人単位の国民が何らかのかたちで政治的迫害を受け、そのうち、数千万人におよばんとする人々は殺されたり自殺に追い込まれたりして命を失った。文化と文明が破壊され、経済は崩壊寸前の状況となって、国民全体が極貧生活を強《し》いられた。いまから思えば、あの十年間は正真正銘、中国史上でも滅多《めった》にない、惨めにして暗黒な時代であり、中国国民全員が地獄《じごく》を見た時代であった。

しかしこんなことを言えば嘘《うそ》のように聞こえるかもしれないが、摩訶不思議なことに、実際に暗黒時代に生きた当時の私たちからすれば、それは決して暗黒な時代でも何でもなく、むしろ光に満ちているような、明るくて幸せな時代だったのだ。まさに本書のタイトルにあるように、私たちはこの地獄のような国を、「世界で一番幸せな国」だと本気で信じていたのである。

地獄のどん底にいるのに、どうしてそれが幸せな天国だと思えたのか。いまの日本人には絶対理解できないだろうが、その理由はじつは簡単だ。外部世界の情報が完全に遮断《しゃだん》されているなかで、学校の先生からラジオ局の解説員まですべての大人たちは、毎日のように私たちに向かってこう諭《さと》した。

「偉大なる祖国の中国は世界で一番幸せな国ですよ、君たちは一番幸せな時代、一番幸せな国に生まれているよ」

教科書や新聞も同様である。人民政府はあらゆる刊行物を日々投じては私たちの意識に刷《す》り込んでいった。いつしかその世界観が自分自身の心のなかですっかり真理であるかのように定着していた。真っ赤な嘘であるはずなのに、私たちはそれを真実として信じて疑わなくなってしまったのである。

こうして見ると、全体主義のなかで行われる洗脳工作がいかに恐ろしいものであるかが、よくわかるであろう。真実の世界からの情報をすべて遮断しさえすれば、嘘によって構築された一つの幻想の世界を人々に信じさせることはさして難しくないのだ。そして人々がそう信じることによって、嘘と幻想の世界は結局、私たちの生きる「真実」となっていくのである。逆に言えば、嘘と幻想を「真実」としなければ到底《とうてい》生きていけないような過酷《かこく》な現実だったのだ。

しかし、よく考えてみればわかることだが、それは何も中国のような全体主義国家のなかにおいてのみ起こりうるような現象ではない。私と矢板さんが現在生きているこの日本という民主主義社会においても、それと似たような現象が現に起きているのである。

たとえば北朝鮮の指導者である金正恩《キムジョンウン》の報道がそうである。ついこの間まで金正恩といえば、自分の叔父を火炎放射器で惨殺《ざんさつ》し、じつの兄をも暗殺する冷酷極まりない独裁者であることは、まぎれもない事実だったはずだ。ところが、先般板門店《はんもんてん》で行われた南北首脳会談にさいし、この冷酷極まりのない独裁者が一転してソフトな笑顔を振りまき、「融合」や「平和」などの美辞麗句《びじれいく》を口にした映像が、テレビをとおして世界中に流されると、日本のマスコミの一部、あるいは各テレビ局でコメンテーターを務める「識者」の一部は、「感動した」云々と言って、金正恩のことを「好感の持てる冷静な指導者」だと誉《ほ》め称えるのである。その結果、多くの日本国民の抱く「金正恩像」は、「冷酷な独裁者」から「ソフトな好青年」へ、「戦争の狂人」から「平和の使者」へとあっという間に変わっていくのである。

つまり、私と矢板さんが幼少の時代において体験した中国共産党の恐ろしい洗脳は、実はこの民主主義社会の日本においてもかたちを変えて日常的に行われているのである。したがって、私たちが本書において語った多くの事実は、現在の日本人にとってもたんなる別世界の「お伽噺《とぎばなし》」ではない。この日本においてもじゅうぶん起こりうることであり、現に起こっていることなのである。

本書は、日本人の読者の皆様に知られざる中国の真実を伝えることを主な目的としている。が、もう一つ伝えたいことがある。中国の恐ろしい真実を一つの極端な実例として提示することにより、多くの日本国民にいまの日本の洗脳下にある現状を直視し、全体主義に陥らないように反省を促すことである。このような役割を本書が果たせたなら、幸いである。

もともと日本人である矢板さんと、いまは日本人となっている私にとって、この穏やかで素晴らしい日本という国が未来永劫、私たちが体験した「暗黒中国」とはまったく無縁の、それこそ光に満ちた明るい世界であり続けることを、願ってやまない。

平成三十年五月吉日

奈良市西大寺附近、独楽庵にて　　石平

著者略歴

石平（せき へい）

1962年、中国四川省成都市生まれ。80年、北京大学哲学部に入学後、中国民主化運動に傾倒。84年、同大学を卒業後、四川大学講師を経て、88年に来日。95年、神戸大学大学院文化学研究科博士課程を修了し、民間研究機関に勤務。2002年より執筆活動に入り、07年に日本国籍を取得。14年『なぜ中国から離れると日本はうまくいくのか』（PHP新書）で第23回山本七平賞を受賞。主な著書に『冗談か悪夢のような中国という災厄』『狂気の沙汰の習近平体制 黒い報告書』（ビジネス社）、『私はなぜ「中国」を捨てたのか』（ワック）『なぜ中国は民主化したくてもできないのか』（KADOKAWA）など多数。

矢板明夫（やいた あきお）

産経新聞外信部次長、元北京特派員。
日本人残留孤児2世として、1972年、中国天津市生まれ。15歳のときに日本に引き揚げ。千葉県出身。1997年、慶応大学文学部を卒業。同年、松下政経塾に入塾（第18期生）、アジア外交が研究テーマ。その後、中国社会科学院日本研究所特別研究員、南開大学非常勤講師を経験。2002年、中国社会科学院大学院博士課程終了後、産経新聞社に入社。さいたま総局などを経て2007年に中国総局（北京）特派員。2016年秋に本社外信部編集委員、2017年4月から現職。著書は『習近平の悲劇』（産経新聞出版）「習近平なぜ暴走するのか」（文春文庫）など多数。

編集協力：加藤鉱

私たちは中国が世界で一番幸せな国だと思っていた

2018年6月9日　第1版発行

著　者　石平　矢板明夫
発行人　唐津 隆
発行所　株式会社ビジネス社
〒162-0805　東京都新宿区矢来町114番地　神楽坂高橋ビル5階
電話　03(5227)1602（代表）
FAX　03(5227)1603
http://www.business-sha.co.jp

印刷・製本　株式会社光邦
カバーデザイン　芦澤泰偉
本文組版　茂呂田剛（エムアンドケイ）
営業担当　山口健志
編集担当　佐藤春生

ISBN978-4-8284-2031-8

ビジネス社の本

世界が地獄を見る時

日・米・台の連携で中華帝国を撃て

門田隆将　石平……著

定価　本体1400円＋税
ISBN978-4-8284-1940-4

非常事態宣言！

間近に迫る中国の武力侵攻を食い止めよ。
2017年から始まる経済戦争がラストチャンス。

本書の内容

第1章　暴走する中華秩序と屈辱の一〇〇年
第2章　世界が全く理解できない中国人の論理
第3章　米国は必ず経済戦争を仕掛ける
第4章　経済大崩壊で中国瓦解の可能性
第5章　米中激突に求められる日本の覚悟
第6章　日中対立をあおった朝日新聞の罪
第7章　台湾論―なぜ日本と台湾は惹かれ合うのか